Adrian Kugelstadt

Das kreative Ratgeber-Manifest
für den Immobilienkauf
mit kleinem Geldbeutel

Bibliografische Information der Deutschen Nationalbibliothek:
Die Deutsche Nationalbibliothek verzeichnet diese Publikation in der
Deutschen Nationalbibliografie; detaillierte bibliografische Daten sind im
Internet über dnb.dnb.de abrufbar.

© 2017, Adrian Kugelstadt,
   eine Publikation der Reihe:

Herstellung und Verlag:
BoD – Books on Demand, Norderstedt

ISBN: 978-3-7431-6681-3

meiner Großmutter, A.W.

INHALT

Vorwort	_11
Für wen dieses Buch gedacht ist	_14
>>> *aus der Praxis:* Meine Erfahrung – Ihr Nutzen	_15

TEIL 1 - SUCHEN

01. Moral und Gentrifizierung	_20
02. Aller Anfang ist schwer - Die ersten Überlegungen	_24
>>> *aus der Praxis:* Kreditkauf ausschließlich für Immobilien	_26
03. Finanzierungsmodelle als Vorplanung	_27
das schnelle Eigenkapital	_28
das langsame Eigenkapital	_30
Online-Kreditrechner	_33
Annuitätendarlehen	_35
Sondertilgungen	_36
>>> *aus der Praxis:* New York der 1970er, Wagemut	_36
Banken	_37
Ihre Akte *IMMOBILIE*	_39
Das Erstgespräch	_42
Banken und Makler	_42
Bürgschaft	_43
Finanzberater	_44
Alternative Banken und Kredite	_45
Gemeinsam kaufen?	_45
Mietkauf/Rentenkauf	_48
Leibrente	_50
>>> *aus der Praxis:* Frankreich, *viager* und Jeanne Calment	_55
Privatkredit	_55
04. Die 3 wichtigen W-Fragen	_59
WAS suchen?	_59
>>> *aus der Praxis:* Raumwunder in New York	_60
Prioritätenliste	_62
Vorsicht Gemeinschaftseigentum	_63
Keller	_66
Verhältnis von Eigennutzern und Mietern	_67
Den Blick schärfen	_69
>>> *Praxis-Tipp:* Prioritätenliste – konkrete Beispiele	_70

Mehrwert durch Ortsveränderungen	_73
Wiederverkaufspotenzial	_75
WO suchen?	_76
Lage, Lage, Lage	_77
Kauf oder Miete. Rechenexempel	_78
>>> *ein wenig Geschichte:* Warum die Deutschen so gerne Mieter sind	_80
WIE suchen?	_84
Suchradius festlegen	_85
Bestandsimmobilie oder Bauträgerimmobilie	_85
>>> *aus der Praxis:* In der eigenen Stadt suchen	_87
>>> *aus der Praxis:* In einer fremden Stadt suchen	_96

TEIL 2 - FINDEN

01. Makler und Besichtigung	_100
Makler als Vertragspartner auf Augenhöhe	_100
Maklercourtage	_101
Das „neue" Verbraucherschutzgesetz	_103
Ein guter Makler	_105
Was also macht ein Makler?	_108
Notarbeauftragung	_109
Vor dem Termin	_110
Besichtigung	_111
Die ersten Eindrücke	_113
systematische Prüfung	_114
Dringlichkeit oder Relevanz	_116
Einflüsse der direkten Nachbarschaft	_120
Nachbarschaft als Standort	_121
02. Abwägen, prüfen, auswählen	_123
Teilungserklärung	_123
Änderungen der Teilungserklärung	_130
Protokolle der Eigentümerversammlungen	_130
Gesamtwirtschaftsplan und Einzelwirtschaftsplan	_134
Auszug aus dem Rücklagenkonto	_138
Grundsteuerbescheid	_139
Verwaltervertrag	_140
Abwägen also heißt das Zauberwort	_142

>>> *aus der Praxis:* Kaufabsichtserklärung/Gebot _146

03. Notar und Kaufvertrag _149
    Der Notar ist überparteilich _149
    Kaufvertragsentwurf _151
    Auflassung/Eigentumsverschaffungsvormerkung/
    Grundbuch _151
    Grundschuld oder Hypothek _153
    Verwalterzustimmung _154
    Kaufgegenstand und Kaufpreis _155
    Vorkaufsrechtsverzichterklärung _156
    aufschiebende Bedingung _157
    Wohnungsübergabe _158
    Erschließungskosten und Anliegerbeiträge _159
    Haftung für Sachmängel _161
    Kosten und Steuern _162
    Notaranderkonto _162
    Unterwerfungserklärung _163
    Nachbeurkundung/vollmachtlose Unterzeichnung _166
    Maklerklausel _168
    Hinweis für Verheiratete _169
>>> *aus der Praxis:* **Freiberufler aufgepasst** _170

04. WEG – die Wohnungseigentümergemeinschaft _174
    Das Wohnungseigentumsgesetz _175
    Erbbaurecht _176
    unausgebautes Dachgeschoss _179
    Eigentümerversammlung _181

05. Alternativen _184
    Gartengrundstück _184
    Bauerwartungsland _188
    Bauland _188
    Anlageobjekt _191
    Gemeinsam kaufen _195
    Auslandsimmobilie _198
    Gewerberäume _200
    Crowdinvesting _202

Timesharing	_205
Schlusswort	_209
Über den Autor	_211

TEIL 3 – Checklisten

A. Eigenkapital	_213
B. Bankakte/Bankgespräch	_215
C. Prioritätenliste	_217
D. Standort-Check	_219
E. Besichtigung	_223
F. Gesamtkostenübersicht	_226
Download-Hinweis	_227

Der Einfachheit und Leserlichkeit halber wird im folgenden Text die männliche Form der Nomen und Pronomen verwendet. Selbstredend ist dieses grammatische Geschlecht generisch zu verstehen und wendet sich an alle biologisch-sozialen Geschlechter!

Hinweis:
Der Autor weist darauf hin, dass die Anregungen und Tipps in diesem Buch nach bestem Wissen und Gewissen zusammengestellt worden sind. Jedwede rechtliche Haftung des Autors wird hiermit ausgeschlossen. Haftbar und für verbindliche Rechtsauskünfte zuständig sind lediglich die von Ihnen beauftragten Rechtsanwälte, Notare und Steuerberater.

Vorwort

Um es gleich vorweg zu sagen: Ich bin ein Befürworter der Schaffung von Immobilieneigentum, das heißt insbesondere von selbstgenutztem Wohneigentum. Ich finde, dass zumindest in unserem gegenwärtigen Gesellschafts- und Wirtschaftssystem ein jeder Eigentümer seiner Wohnung oder seines Hauses sein sollte. Dies ist ein Idealbild. Dass es nicht Realität ist und wohl auch nicht werden wird, da dies mit einer friedlichen Umverteilung nicht zu erzielen wäre, bedeutet nicht, sich nicht vorzustellen, wie diese Welt – im Kleinen – dann aussähe. Und zudem gilt: Nicht jeder möchte Eigentümer seines Zuhauses sein.

Doch stellen wir uns diese Situation vor: Es gäbe keine Spekulation mit Wohnraum, sei es durch Erträge aus bereinigten Nettomieteinnahmen, sei es durch den Abverkauf bestehender oder zu diesem Zweck neu errichteter Wohnungen oder Wohnanlagen. Es gäbe aber einen großen Sekundärmarkt: eine Art Tauschbörse. *Biete 1-Raum-Wohnung in Leipzig gegen 2-Zimmer-Wohnung in Paderborn.* Die Wertdifferenz würde dann monetär ausgeglichen.

Es gäbe auch einen Markt für Ferienimmobilien und Zweitwohnsitze, für Gewerbe- und Büroimmobilien. Aber eben keine Profitgeschäfte mehr mit dem vitalen Lebensraum anderer, mit deren Zuhause.

Im so oft zitierten Dilemma der Verschärfung der Wohnungssituation besonders in Ballungsräumen und der damit einhergehenden Debatte wird selten die öffentliche Hand gerügt, sondern eher auf die Profiteure der Bau- und Immobilienbranche geschimpft, die fälschlicherweise in vielen Fällen auch noch mit dem Makler gleichgesetzt wird, weil er für den „Endverbraucher", den Mieter oder Käufer, meist der einzig sichtbare Gesprächspartner bleibt.

Warum nicht eine politische Kultur fordern und schaffen, die den Endnutzer direkt fördert, und zwar so, dass die öffentlichen Gelder, die beim sozialen Wohnungsbau an die Bauherren fließen, jedem Wohnungsnutzer viel stärker, will heißen: direkt zugute kommen könnten? Die öffentliche Hand könnte entweder mit einem eigenen Kreditinstitut private Immobilienkäufe finanzieren, oder aber Bürgschaften übernehmen, um so vielen Menschen wie möglich den Weg zum Wohneigentum zu bahnen. Wenn dieselbe Klientel gut genug ist, Mieter zu werden im geförderten Wohnungsbau, warum sollte sie dann nicht auch gut genug sein, um selbst Eigentümer zu werden? Dies würde es mehr Menschen erlauben, sich Eigentum zu schaffen und zu erfahren, welche Vorteile daraus entstehen können.

Es lässt sich also berechtigterweise fragen, ob unser Status Quo nicht gerade gewollt ist und es für viele Entscheidungsträger gar nicht erstrebenswert scheint, dass viele Menschen in den Genuss von Wohneigentum gelangen.

Auch daher die Motivation für dieses Buch, denn eigene Initiative ist gefragt!

Jeder Einzelne kann, sofern er will oder zumindest sich die Möglichkeit gibt, es zu wollen, darauf hinarbeiten, aus der Mieterfalle herauszutreten und sich Wohneigentum zu schaffen. Nicht der Leidtragende von Spekulation und Verdrängung zu sein, nicht monatlich Kapital zu investieren in fremdes Eigentum, sondern aktiver Gestalter des eigenen Lebensumfelds zu werden. Natürlich gibt es Ausnahmen, Härtefälle und auch Lebensumstände, bei denen dieses Umsetzen gar nicht oder nur sehr schwer erreichbar ist.

Doch lassen Sie uns zunächst einmal näher anschauen, was für die Mehrheit potenziell machbar bleibt.

Wohneigentum bedeutet nämlich auch Emanzipation. Es ist die Befreiung aus der weit verbreiteten und tief sitzenden Obenunten-Mentalität und dem oft schwarzweißmalerischen

Vermieter-Mieter-Verhältnis. Selbst Eigentümer zu werden bedeutet, von einer vertikalen Hierarchie überzuwechseln zu einer horizontalen Hierarchie. Man wird, in den meisten Fällen – also dann, wenn es sich um den Kauf einer Eigentumswohnung handelt – gleichberechtigtes Mitglied einer (Wohnungs-)Eigentümergemeinschaft, auch WEG genannt. Es gibt ebenso genossenschaftlich organisiertes Eigentum zu mehreren. Hiervon wird in diesem Buch aber kaum die Rede sein.

Unter den sich verschärfenden Bedingungen des Wohnmarktes – denn ja, es ist vor allem ein Markt – erscheinen viele der oft ideologisch ausgetragenen Grabenkämpfe zwischen Mietervertretern und Fürsprechern der Vermieter als Ersatzkampfhandlungen für anderweitige Konfliktlagen und unbereinigte Emotionen in einer übersättigten und überreglementierten Gesellschaft, die eher Unmündigkeit und Unübersichtlichkeit fördert.

Für wen dieses Buch gedacht ist

Dieses Buch soll eine Hilfestellung sein für alle, die Immobilieneigentum schaffen möchten. Insbesondere sind diese Seiten gedacht und gemacht für Menschen mit geringem Finanzkapital und wenig Einkommen. Denn wer über ausreichend finanzielle Mittel verfügt, kann viele der Entscheidungsfindungen an Berater delegieren, oder sich zumindest entsprechenden Rat suchen. Zudem sind eventuell ungünstige Entscheidungen weniger existenzbedrohend als für jenen Käufer, für den die Verschuldung oder die Investion von geringem Kapital keinen Spielraum lässt, um im Nachhinein etwas aufzufangen oder auszubügeln. Doch jeder, der investiert, möchte natürlich richtig investieren! Einige der hier vorgestellten Beispiele, wie es anderen gelungen ist, eine Immobilie zu erwerben, werden aus der Kreativbranche stammen, von Künstlern und anderen Freischaffenden berichten, die als Selbständige zum einen immer noch ungern gesehen sind bei manch einer Bank, zum anderen aber den größten Bedarf haben, ihrer (Heim-)Arbeit eine sichere, das heißt potenziell langfristige Verortung zu geben, und sich somit auch eine ansonsten kaum erreichbare Altersabsicherung zu schaffen.

Die Absicht dieses Ratgebers ist allem voran, Ihnen Mut zu machen und, da Sie diese Seiten bereits lesen, Wege aufzuzeigen, wie Sie zu Wohneigentum gelangen können. Die größte Hürde ist zu glauben, dass man sich keine Immobilie leisten kann oder dass der Besitz einer Wohnung eine Einschränkung der Freiheit bedeutet. Beides mag zutreffen, aber zunächst sollten Sie sich die Chance lassen, die guten Argumente, die dafür sprechen, anzunehmen und zu bewerten. Es geht also vor allem darum, dass Sie sich mit dem Thema befassen und verstehen, dass auch Sie, wenn Sie es denn wollen, die Mittel und Energien aufbringen können, um zu den eigenen Wänden zu finden.

>>> *aus der Praxis:* **Meine Erfahrungen – Ihr Nutzen**

In den späten Fünfzigerjahren des vergangenen Jahrhunderts bauten meine Großeltern sich eine neue Existenz im Wirtschaftswunderwesten Deutschlands auf. Mein Großvater bei einer Bausparkasse, meine Großmutter für einen Versicherer. Ihre Tätigkeiten ergänzten sich. Beide waren in den Boom-Branchen der Nachkriegszeit tätig und schafften es, in nur zwei Jahrzehnten Arbeit, als Quereinsteiger mit über fünfzig, der Familie ein neues Zuhause zu bauen, jeder der drei Töchter, sozusagen als Aussteuer oder Mitgift, eine Wohnung zu finanzieren – gegen eine Art Rentenzahlung, die immer weit unter dem jeweiligen Mietniveau lag – und sich selbst noch eine bequeme Wohnung fürs Alter zu sichern. Eine Leistung, die zu jener Zeit passte und deren Ergebnis heute, mit äquivalenten Mitteln, in so wenigen Jahren nicht mehr möglich wäre. Wie sie es machten? Unter anderem durch Bausparen, das gegenwärtig bei allgemein niedrigem Zinssatz längst nicht mehr die Attraktivität und Bedeutung hat wie damals. Es wurde seinerzeit auf den Namen jedes Familienmitglieds ein Bausparvertrag abgeschlossen. War ausreichend angespart – also üblicherweise 40 % der vereinbarten Vertragssumme – wurden die Verträge auf denjenigen umgeschrieben, für den der nächste Immobilienkauf bevorstand. Die restlichen 60 % der Summen wurden gebündelt und zum feststehenden Zinssatz finanziert, um den Immobilienkauf umzusetzen. Gleich danach wurde eine neue Reihe Verträge abgeschlossen und die Prozedur von vorne begonnen. Ein bis heute noch gültiges und legales Mittel!

Ich bin als Kind durch viele Rohbauten gewandert, war in Musterhaussiedlungen und lernte, auch bei Freunden und Bekannten, mir Wohnungen und Häuser immer genau anzusehen, mich zu fragen, was hinter dieser oder jener Wand wohl liegen könnte, wie die Lichtverhältnisse gemäß der

Himmelsrichtungen sind, wo die Leitungen für Wasser und Strom verlaufen mögen etc. Eine Weile lang wollte ich Architekt werden.

Als ich schließlich nach Frankreich gegangen war, mich der freien kreativen Arbeit verschrieben hatte und am harten, teuren Wohnungsmarkt in Paris, der notorisch kleine und kleinste Flächen zum Leben lässt, mein Auskommen finden musste, landete ich nach einigen provisorischen Episoden in einer der Dachkammern, die ehemals den Dienstboten der herrschaftlichen Wohnungen auf den unteren Etagen minimale Heimstatt waren. Die Mietpreise und meine unregelmäßigen, sehr bescheidenen Einkünfte waren derart, dass ich mich in Paris, später auch in London, niemals an meinen Wünschen oder Bedürfnissen orientieren konnte, sondern stets aus den fünf oder sechs billigsten Angeboten jenes heraussuchte, das am wenigsten schlimm war. Und anstatt den „Komfort" einiger Quadratmeter mehr oder eines eigenen Bades zu wählen, war es mir immer wichtiger, ganz zentral zu wohnen und lieber den beschränkten Wohnraum zu optimieren. Nach gut anderthalb Jahren in der Mansarde, die nur eine kleine Dachluke besaß, trieb mich der Gedanke um, dass es bei den damals geltenden Kaufpreisen und Zinssätzen möglich sein müsste, mit demselben monatlichen Aufwand ein solches Zimmer zu kaufen. Ich studierte die Anzeigen. Parallel dazu fragte ich bei „meiner" Bank um einen Termin nach, unterbreitete mein Vorhaben und bekam eine prinzipielle Vorab-Zusage. Ich fand, bei allen Einschränkungen, das Zimmer meiner Träume. Und ich war schon damals froh, dass sich in materieller Hinsicht meine Träume immer im Rahmen des mir Möglichen bewegt haben: eine gute Voraussetzung gegen das Unglücklichsein!

Meine Großmutter war begeistert von meinem Immobilienvorhaben und zahlte mir das Sparbuch aus, dass sie und mein Großvater, wie zur Geburt jedes Enkels, angelegt hatten. Alle anderen Enkel waren schnell drauf und dran gewesen, mit der Volljährigkeit über ihr Geld verfügen zu dürfen, um den Führerschein zu finanzieren, oder die Anzahlung eines Gebrauchtwagens. Mein Teil diente dazu, die von der Bank geforderten 10 % Eigenkapital nachzuweisen. Die restlichen neunzig Prozent wurden zu 11,95 % Jahreszins finanziert! Auch wenn dies aus heutiger Sicht ein Wucherzins erscheint, so zahlte ich doch unter dem Strich nicht mehr als für das zuvor gemietete Zimmer. So war es mir gelungen, mit Anfang zwanzig und als Fremder in der Großstadt, 5,25 m² Paris zu kaufen.

Zwei wichtige Erfahrungen habe ich dabei gemacht. Zum einen: Wer will, der kann. Trotz prekärer Einkünfte konnte ich der Bank gegenüber mein Projekt klar, überzeugt und überzeugend darlegen, und alle wussten wir, dass die finanzierte Darlehenssumme – in etwa der Preis eines einfachen Mittelklassewagens – für die Bank „peanuts" bedeutete. Zumal konnte ich die Mietquittungen nachweisen, die belegten, dass ich regelmäßig eine ähnliche Summe hatte zahlen können. Und die Bank verfügte ohnehin über den Einblick in meine Kontobewegungen der vergangenen Jahre. Mit dem wenigen Geld hatte ich gut gehaushaltet und das Konto nie überzogen.

Die andere Lehre aus diesem Kauf war: Hast du nichts, bekommst du nichts. Hast du etwas, bekommst du mehr.

In meinem ersten, gemieteten Zimmer musste ich die Miete bar zahlen, die Eigentümer deklarierten die Einnahmen nicht (obwohl sie mir dann doch die Mietquittungen ausstellten, mit dem Hinweis, sie nie bei Ämtern vorzuzeigen). Somit hatte ich keinen offiziellen Mietvertrag und damit keinen Anspruch auf Wohngeld. Als ich nach dem Kauf meines Zimmers weiter knapp bei Kasse war, versicherte mir ein Freund, ich hätte trotzdem Anspruch auf Wohngeld, zumindest für einen Teil meiner Aufwendungen. Und so war es! Ich war nun rechtlich und sozial in einer „besseren" Situation, selbst wenn wirtschaftlich das

Zimmer noch der Bank gehörte, und erst jetzt hatte ich Anrecht auf Beihilfen, die, so hatte ich geglaubt, in prekäreren Lagen viel mehr hätten greifen müssen!

Ich erwähne diese Details, weil sie sehr bezeichnend sind für uns als Individuum auf der einen Seite, wie auch dafür, wie diese Welt „tickt". Wir kommen später mehrfach darauf zurück. Aber behalten Sie diese grundlegenden Tatsachen im Auge und machen Sie sie sich zu Nutze.

In den folgenden Jahren habe ich immer wieder Freunde beraten, die wissen wollten, wie ich denn diesen Kauf zustande bekommen hatte. Dabei stellte ich fest: Die meisten, die glaubten, selbst nie eine Wohnung – oder auch nur ein solches Zimmer – kaufen zu können, verfügten über weit mehr Einnahmen oder Startkapital, als ich jemals zur Verfügung hatte. Die Unmöglichkeit ihres Handelns lag also anderswo.

Als ich Jahre später in Berlin nach einer Nebentätigkeit suchte, um fehlende Einkünfte aus meiner kreativen Tätigkeit zu kompensieren, kam mir der Gedanke, meine Erfahrungen mit Immobilien und meine so oft erprobte Beratungstätigkeit nun professionell einzusetzen. Zusammen mit zwei Freunden, die gerade dabei waren, die Berliner Niederlassung eines Maklerbüros zu eröffnen, startete ich dieses neue Kapitel. Neben der Vertiefung meiner Kenntnisse von Kaufvertragsabwicklungen und den Mechanismen der Eigentümergemeinschaft konnte ich viele Kunden begleiten – und all das beobachten, was nun auch in diesen Ratgeber einfließt. Erschrocken hat mich dabei, wie viele Menschen eine Wohnung leichtfüßiger kaufen als ein neues Kleidungsstück. Unwissenheit und Naivität sind die schlechtesten Berater. Und mir war es in meiner Makler- und Beratertätigkeit immer ein Anliegen, dass der Kunde, wenn er dann endlich beim Notar vor dem Kaufvertrag sitzt, dies als mündiger Mensch tut und weiß, was er unterschreibt.

Ich biete Ihnen hier also keinen weiteren rein rechtlichen, kaufmännischen Ratgeber. Es gibt davon eine Reihe sehr guter, die ich als nützliche Ergänzung sehe. Vielmehr ist dieses Buch ein Befähiger, und eben ein kreativer Beistand. Die vielen Hinweise allerorten, ob es sich, ja oder nein, lohnt, weiterhin in Betongold zu investieren, und die Top-Empfehlungen der Wirtschaftsseiten unserer großen Tages- und Wochenzeitungen brauchen Sie nicht wirklich zu interessieren. Sie sind zuvorderst für Anleger geschrieben, die mit Immobilien Profit zu machen suchen, oder für den durchschnittlich wohlhabenden Mittelständler, der sein Portfolio diversifiziert. Ihre Sorge sollte sein, nicht Leidtragender hiervon zu sein, sondern die Grundsicherung Ihres Lebensmittelpunktes anzustreben. Gehen wir diesen Teil des Weges gemeinsam!

Ich möchte mit Ihnen die aus eigenen Transaktionen gewonnen Erfahrungen teilen, Sie vor Fehlern warnen und bewahren, die ich selbst gemacht habe, und Ihnen die Expertise zur Verfügung stellen, die ich in meiner Makler- und Beratertätigkeit in Berlin gewinnen konnte.

TEIL 1 – Suchen
01. Moral und Gentrifizierung

Bevor wir so richtig in die Materie einsteigen, möchte ich Ihnen helfen, sich auch ohne mentalen Ballast auf Ihr Projekt einlassen zu können.

Wie oft habe ich ein halbherziges Unwohlsein bei Käufern erlebt, ein als rhetorische Frage formuliertes schlechtes Gewissen. Gehören wir nun auch dazu, zu den bösen Eindringlingen, die die Preise nach oben treiben?

Humbug!

Stehen Sie zu Ihrem Handeln und seien Sie eher stolz darauf, den Schritt zu etwas mehr Unabhängigkeit und Reife zu tun. Eigentum ist keine Schande. Es kommt darauf an, wie man damit umgeht und wie man dazu gelangt. Wenn schon Moral, dann sind dies die wichtigen Aspekte. Es gibt vielerlei Motivationen, Immobilien zu kaufen. Doch im Grunde reduzieren sie sich auf zwei Absichten: sich das eigene Zuhause zu sichern oder Einkommen bzw. Kapital zu generieren. Wir sind alle Teil eines großen Prozesses, besonders in den Ballungsräumen. Wie in allen anderen Bereichen auch halten wir uns in unserem Argwohn, unserem Neid und unserer Missgunst damit auf, jene zu kritisieren und oft als Feindbild aufzubauen, die wir vor unserer Nase haben. Doch wenn wir wirklich so arm dran sind, wie wir oft meinen, wie kann es dann sein, dass der andere dort, der unser Lebensumfeld teilt, so völlig anders sein sollte, verantwortlich für unser Leid? Um es klarer zu sagen: Seien Sie nicht so unklug und kurzsichtig wie der von Wut Umgetriebene, der in der prekären Vorstadt das Auto seines Nachbarn anzündet: Die gewichtigen Beeinflusser des Wohnungsmarktes sind nicht die Eigennutzer, die sich meist unter großen Opfern ihr Zuhause kaufen. Es sind oft abstrakte Investoren, die häuserweise, ja gar straßenweise Wohnungspakete, wie es heißt, aufkaufen. Doch verschenkt wird nichts. Wenn Sie also immer noch Skrupel haben sollten, aus moralischen Gründen kein Eigentum anzustreben, dann vergegenwärtigen Sie sich einfach, dass auch Sie, wenn Sie denn Mieter sind und bleiben, das Spiel jener Investoren fördern, indem Sie es weiterhin akzeptieren, einen Mietzins zu zahlen – anstatt einen Darlehenszins an einen Gläubiger. Hamsterrad oder Mühlrad. Auch die Mühle will angetrieben werden, aber bei ihr kommt immerhin gemahlenes Korn heraus, Mehl, das zu Sauerteig wird.

Das larmoyante Moralisieren erinnert mich oft an den West-Touristen, der nach Indien reist und erschüttert ist von der Armut, sich dauernd schlecht fühlt und viele Almosen verteilt. Es hilft der empfangenden Hand, gewiss. Einen Moment lang. Aber dem Touristen, dem es, seien wir ehrlich, in den meisten Fällen ums eigene Wohlsein geht, also darum, sich in dieser Lage nicht so schlecht zu fühlen, hilft dieses Verteilen von Münzen ohnehin nichts: der Graben ist unüberwindbar. Nur dass bei einem Immobilienkauf der Graben doch nicht so breit ist. Es ist ein billiger Ablasshandel, sich darüber auszulassen, dass man den anderen nun Wohnraum wegnimmt, dass man andere vertreibt. Zum einen leben wir nicht im Ideal – ich sprach gleich eingangs davon –, sondern in einer gegebenen Realität, zum anderen lässt sich auf diese Realität einwirken. Es ist dem Hungernden ja nicht geholfen, wenn man selbst nichts isst. Aber es lässt sich teilen und wer selbst genug gegessen hat, kann sich dem anderen zuwenden. Genug heißt nicht über die Maßen. Und auch das ist ein Wort, das im Feld des Immobilienkaufs oft untergeht: das Maß.

Viele, die sich schließlich zu einem Kauf entscheiden, schrauben mit dem angestrebten Wechsel vom Mieter zum Selbstnutzer ihre

Ansprüche nach oben. Wobei doch eher das Gegenteil gilt. Wer auf 50 m² zur Miete lebt und nun etwas kaufen möchte, hat oft Tendenz, sich für Wohnungen mit 70 m² oder mehr zu interessieren. Es wäre so schön, noch ein weiteres Zimmer zu haben, oder einen Balkon, oder die zentralere Lage ... Dies ist, meines Erachtens, ein falscher, weil kontraproduktiver und oft gefährlicher Ansatz. Eher sollte gelten: Ich kaufe, schaffe also Eigentum, was in sich einen Mehrwert bedeutet, eine Verbesserung. Um es zu ermöglichen, darf ich mich nicht übernehmen. Also versuche ich, meine Ansprüche anhand meiner reellen Bedürfnisse zu orientieren, zu optimieren. Ein gut geschnittener Grundriss mit 40 m² kann mir dies womöglich auch bieten, es muss auch nicht die zentrale Lage sein, oder die augenblicklich angesagte Nachbarschaft. Dann wohne ich eben etwas weiter „draußen", oder „nebenan", und gehe einen längeren Weg, habe die Szenekneipen nicht in der Straße, sondern 10 oder 15 Minuten entfernt. Die Schaffung von Wohneigentum, besonders, wenn es sich um das erste Mal handelt, ist ein paar kleine „Opfer" wert. Wir sind ohnehin oftmals verwöhnt, materiell gesprochen, und merken nicht mehr, in welchen Höhen die Einschnitte uns weh tun. Verstehen Sie mich nicht falsch: Es geht nicht darum, sich selbst am Leben und Genießen zu hindern. Es geht lediglich darum zu verstehen, dass es bei einem angestrebten Ziel wie dem Wohnungskauf Prioritäten geben muss und man sich am besten kohärent dazu verhält. Schwierig in einer Gesellschaft, die uns derart verwöhnt hat, in der wir uns selbst derart verwöhnt haben, dass wir ernsthaft glauben, wir könnten das Ergebnis einstreichen, ohne den Weg dahin zu bestreiten und zu erleben, ohne Fleiß, ohne Leistung – Leistung, ein Wort, das in manch einem Diskurs bereits ein Schimpfwort geworden ist. Dabei sind wir, in unseren fetten Gesellschaften, in den wesentlichen Dingen eher unterfordert. Und zu den wesentlichen Dingen gehört eben auch, finde ich, die Frage danach, wie wir uns den Ort unseres Lebens, den Ort, an dem wir die Hälfte bis zu zwei Drittel unserer Tage und Nächte, unseres Lebens verbringen, langfristig sichern können; und auch so gestalten, wie er uns entspricht. Der Mensch richtet sich anders ein, im Konkreten wie im Übertragenen, wohnt er zur Miete oder wohnt er im eigenen Heim.

02. Aller Anfang ist schwer - Die ersten Überlegungen

Sie sind also so weit? Sie wollen den Schritt wagen und sich damit befassen, ob und wie Sie sich eine Wohnung oder ein Häuschen kaufen können? Gut, dann voran! Natürlich haben Sie immer wieder von Freunden, von Bekannten, auch von Kollegen und der Familie irgendwelche Dinge über den Immobilienkauf gehört, Schlechtes wie Gutes. Schieben Sie das nicht beiseite, tun sie es nicht ab, oder picken Sie sich nicht nur das heraus, was Sie in Ihrer bisherigen Haltung bestärkt. Sondern schauen Sie genauer hin: Warum erzählen mir die anderen das? Was motiviert sie denn dazu? Kann ich diesen Aussagen wirklich vertrauen, oder wie weit? Denn erst, wenn wir das Gehörte auf die Essenz hin prüfen, können wir uns erlauben, die Information für uns zu nutzen – oder sie eben als nicht fundiert zu verwerfen. Wie oft bleiben die Gespräche oberflächliches Geplänkel und bestärken einen jeden in seinen Vorurteilen, Ängsten und Blockaden! Nicht selten vergehen Stunden ohne konstruktive, zielorientierte Konversation. Wer kennt sie nicht, diese Abendessen unter Freunden, die Wochenenden in Familie, bei denen sehr schnell das Thema Wohnungsmarkt und Immobilien aufkommt! Es ist, besonders im urbanen Raum, eines der beliebtesten Gesprächsthemen – leider häufig ohne greifbare Besserung. Denn meist werden Halbwahrheiten kolportiert, wird geschimpft über diese oder jene Entwicklung, gejammert über die steigenden Kosten, über die bösen Makler und die üblen Vermieter, die verrückten Verkäufer. Am Ende bleibt ein Wirrwarr, ein Nebel, der alles, was mit Immobilien zu tun hat, in einen Trauerkloß verklebt, von dem sich abzuwenden dann das einzige Verlangen bleibt. Doch konkret? Nichts. Deshalb: Prüfen Sie, prüfen Sie nochmals. Fragen Sie nach: „Was macht dich da so sicher?" „Kannst du das belegen?" „Stell das doch einmal an handfesten Zahlen dar!" Nur wenn Sie wissen, dass Sie sich auf die Erfahrungen und das Urteil des anderen verlassen können, weil Sie sich auf Ihr Nachfragen verlassen können, schenken Sie dem, was Ihnen berichtet wird, Glauben. Und versuchen Sie dann, diese Information für Ihr eigenes Vorhaben zu nutzen. Also nicht dieselben Fehler zu begehen und gleichzeitig die für die anderen erfolgreichen Lösungen auf die Tauglichkeit für Ihre eigene Situation abzuklopfen.

Es sind die vielen kleinen, praktischen Auskünfte und Anmerkungen, die nützlich sein können. Da hat der eine Freund gerade seine Erfahrungen gemacht mit dem Neubau vom Bauträger. Ein anderer rät ab, in einem bestimmten Stadtteil zu kaufen, weil er gerade selbst dort etwas gekauft, aber zu spät erfahren hat, dass es sich um ein Sanierungsgebiet handelt (an sich interessant und von Vorteil, aber mit einer späteren Ausgleichszahlung an die Stadt verbunden. Dennoch auch hier: informieren! Die Summen sind oft relativ überschaubar!). Andere sind sehr zufrieden gewesen mit einem Makler oder einem Notar. Lassen Sie sich die Adressen geben und notieren Sie sich – am besten sogar in ein separates Notizbuch, das Sie sich für Ihr Vorhaben anlegen –, wer Ihnen die Empfehlung gegeben hat.

Überstürzen sie nichts, aber vertrödeln Sie auch keine Zeit. Lassen Sie den Gedanken reifen, stellen Sie sich vor, beim Einschlafen und beim Aufwachen, wie es sich anfühlen würde, in einem neuen Zuhause zu wohnen und es sogar zu kaufen. Wie es wäre, mit dem Bewusstsein zu leben, Schulden bei der Bank, bei Freunden, bei der Familie zu haben. Horchen Sie in sich, ob Sie diese Art von Schulden mit Seelenruhe vertreten und die vermuteten Raten auch längerfristig finanziell stemmen könnten.

Wenn Sie merken: Ja, es fühlt sich richtig an, dann machen Sie sich Ihre ersten Gedanken zur Finanzierung.

>>> *aus der Praxis:* Kreditkauf ausschließlich für Immobilien.

Für meine Großeltern, typisch für diese Generation, waren Grundschulden die einzig vertretbaren Schulden. Es war unmöglich, diese Summen, die die höchsten aller je getätigten Ausgaben darstellten, im Voraus zu erwirtschaften; gerade beim Immobilienkauf arbeitet die Zeit für einen. Alle anderen Anschaffungen, von der Waschmaschine über die Halskette bis hin zum Auto (immer nur neu, dann aber für Jahrzehnte!) wurden erst getätigt, wenn man das Geld zusammengespart hatte! Es hat Sinn, darüber einmal nachzudenken und unsere heutige Kreditierfreudigkeit für Gebrauchsgüter dem bleibenderen und essenzielleren Wert eines Eigenheims gegenüberzustellen.

03. Finanzierungsmodelle als Vorplanung

Die meisten von Ihnen – gerade wenn es sich um den ersten Kauf handelt, wenn Sie freiberuflich tätig sind, wenn Sie ohnehin Mühe haben werden, ein solches Projekt zu realisieren – werden nicht über das Eigenkapital verfügen, um eine Wohnung komplett davon zu bezahlen, auch nicht bei einem niedrigen Kaufpreis. Es stellt sich also schnell die Frage nach der Finanzierbarkeit, das heißt zuvorderst, im Denken der Banken, nach Ihrer Kreditwürdigkeit.

Aber zunächst zum Eigenkapital. Was ist das, eigenes Kapital? Dieser Begriff wird oft zu eng betrachtet und ich möchte Ihnen einige Überlegungen mit an die Hand geben, um kreativer und freudiger an diese Definition heranzugehen. Sie werden es gebrauchen können, insbesondere, wenn die reinen Geldwerte Mangelware sind!

Eigenkapital wird benötigt, um jenen Teil der benötigten Summen zu decken, der dann nicht fremdfinanziert werden muss. Mittlerweile gibt es keine ganz so strikten Regeln mehr im Gebrauch, wie hoch dieser Anteil sein muss oder sein sollte. Sogar deutsche Banken, die im internationalen Vergleich eher konservativ, also vorsichtig und zögerlich sind in der Vergabe von privaten Immobiliendarlehen, kreditieren gegenwärtig teilweise 100 % der Kaufsumme. Allerdings hat die zu große Kreditierfreude von Banken in anderen Ländern, z.B. in Spanien, auch und gerade für den einzelnen Immobilienbesitzer existenzielle Katastrophen gebracht. Das Schlimmste in diesem Hinblick ist, wenn man die „eigene" Immobilie verliert, auf der Straße sitzt und lebenslänglich noch einen Kredit bedienen muss für einen Gegenwert, der sich längst in Luft aufgelöst hat!

Als Faustregel sollte gelten: Je mehr Eigenkapital ich einsetzen kann, desto besser. Auf die Unterschiede gehen wir gleich noch im Detail ein.

Vergessen Sie auch nicht, dass Sie je nach Situation und geografischer Lage zwischen 10 und 15 % des Kaufpreises zusätzlich aufwenden müssen, um die sogenannten Nebenerwerbskosten zu decken. Diese Kosten sind, in der Reihe ihrer Entstehung, die Maklercourtage (meist zwischen 3 und 6 % des vertraglichen Kaufpreises + MwSt.), die Notargebühren für die Unterzeichnung des Kaufvertrages und alle zusätzlichen Verwaltungsakte, die Umschreibegebühren des Grundbuchs, die Bankgebühren im Falle einer Kreditierung und die einmalige Grunderwerbsteuer (zwischen 5 und 6,5 %, je nach Bundesland, nur Bayern und Sachsen liegen noch bei 3,5 %). Diese Summe sollten Sie in jedem Fall flüssig zur Verfügung haben und nicht finanzieren müssen. Dies bedeutet also schnell einige Tausend Euro, bereits im Bereich der noch relativ niedrigen Kaufpreise. Eine stolze Summe, wenn man auf keine Sondereinnahmen, Erbschaften oder einen sonstigen Geldsegen zählen kann!

Machen Sie eine Aufstellung all dessen, was Ihr Eigenkapital sein kann. Dabei zu unterscheiden ist das, was ich das schnelle und das langsame Eigenkapital nenne. Das <u>schnelle Eigenkapital</u> sind vorhandene, flüssige Geldwerte, das langsame indes Summen, die sich erarbeiten lassen.

Setzen Sie sich mit einem guten Getränk und ein wenig Muße hin, und machen Sie sich eine Liste. Schauen Sie sich in ihrem Zuhause um, holen Sie Ihre Papiere hervor und machen Sie Kassensturz. In unserer Überflussgewohnheit wird bestimmt auch bei Ihnen, selbst wenn Sie bescheiden und achtsam leben, der eine oder andere überflüssige Gebrauchsgegenstand zu finden sein. Vielleicht ein zweiter Computer, der nicht gebraucht wird, aber noch neu genug ist, einige Hundert Euro auf dem Gebrauchtmarkt einzubringen. Ein Erbstück – Gemälde oder Vase oder Standuhr? Auch der Familienschmuck sollte nicht ausgespart werden bei dieser nüchternen Betrachtung. Manches Mal, und dies ist hierfür ein sprechendes Beispiel, hindert uns ein Tabu an der Lösung des Problems. Aber es lohnt sich womöglich, hieran zu rütteln. Denn die Ohrringe der Tante, die goldene Uhr des Großvaters, wann haben Sie sie zum letzten Mal getragen? Und fanden Sie eigentlich nicht schon immer, dass es außer dem Andenken eigentlich kein so schönes Stück ist, nicht so recht zu Ihnen passt? Vergegenwärtigen Sie sich, dass Sie den Tausch gegen Geld vollziehen würden, um sich die höchstwahrscheinlich wichtigste Anschaffung in Ihrem Leben zu ermöglichen. Der ideelle Wert würde darin aufgehen. Die Ahnen würden sich gewiss freuen, zu diesem wichtigen Schritt beizutragen. Schließlich verhökern sie das Erbstück ja nicht, um Spielschulden abzuzahlen oder in einen frivolen Las-Vegas-Urlaub zu fahren!

Nutzen Sie Ihr Immobilien-Vorhaben für einen großen Wohnungsputz, gründlich und gnadenlos. Wenn Sie dann später umziehen, freuen Sie sich, auch hierfür schon die Vorarbeit geleistet zu haben. Natürlich sollte der Aufwand, Ihre verwertbaren Objekte zu Geld zu machen, in Relation stehen zum erzielbaren Preis. Aber ein gutes Sprichwort besagt schließlich: Kleinvieh macht auch Mist. Denken Sie daran, dass alle aussortierten Gegenstände in ein paar Kartons verpackt ideal feilgeboten werden können beim nächsten Flohmarkt um die Ecke, und auch die Internetplattformen bieten vielversprechende Verkaufsmöglichkeiten. Wenn bei diesem kleinsten der Kassenstürze auch „nur" einige wenige Hundert Euro zusammenkommen: Es ist ein Anfang! Und wichtiger noch: Sie bündeln Ihre Energien für Ihren Wunsch, sich ein Eigenheim zu leisten. Je weniger Krimskrams Sie zudem mit umziehen, desto günstiger der Umzug, desto weniger Fläche benötigen Sie im neuen Zuhause. Man kann nicht überschätzen, wie belanglos ein Großteil der Wohnungsausstattungen ist, wie viel „Klamotte" unnötige Quadratmeter verschlingt, Quadratmeter, die nicht nur finanziert, sondern winters auch geheizt werden wollen und die die Bemessungsgrundlage aller laufenden Kosten sind.

Sehen Sie Ihre Papiere gründlich durch. Vergewissern Sie sich, ob Sie längst vergessene Sparbücher auflösen können, vielleicht einen Bausparvertrag abgeschlossen haben, ohne je wirklich eingezahlt zu haben – wie schnell unterzeichnet man mal so ein ungemein tolles Angebot, wenn das Call-Center der Bank einen am Telefon ködert ... Haben Sie vielleicht eine kleine Lebensversicherung abgeschlossen, die seit Jahren beitragsfrei gestellt ist, weil Sie schon lange die Raten nicht mehr zahlen können? Erkundigen Sie sich über den Rückkaufswert. Ja, gewiss verlieren Sie dabei etwas Geld. Aber es ist gut denkbar, dass Ihnen die geringere Auszahlungssumme jetzt mehr hilft, als der versprochene, vermeintliche Endbetrag mit Erreichen des Rentenalters. Wir können alle nicht voraussehen, wohin die Reise geht, aber der sofortige Nutzen und auch, bei entsprechend guter Wahl der Lage Ihrer neuen Wohnung, der zu erwartende Wertzuwachs einer selbstgenutzten Immobilie dürfte das auf hinten vertagte Versprechen der Versicherung übersteigen. Aber es kommt natürlich auch hier auf die Summen an. Rechnen Sie, wägen Sie ab, lassen Sie sich von mehreren Seiten unverbindlich – aber seriös! – beraten und bewahren Sie dabei einen kühlen Kopf!

Das langsame Eigenkapital sind Gelder, die Sie etwas weniger kurzfristig generieren können, aber immerhin in absehbarer Zeit, sagen wir in den nächsten ein bis zwei Jahren, wenn Sie so lange brauchen sollten, um Ihrer Finanzierung die besten Chancen zu geben. Diese Gelder können durch Einsparungen und durch zusätzliche Leistung erwirtschaftet werden. Nehmen Sie zum Beispiel die Summe, die Sie sonst für Ihren Urlaub ausgeben, und zahlen Sie sie auf ein Sparbuch ein, dass Ihr Immobilienkonto werden wird (oder stecken Sie es in einen sicheren Sparstrumpf, sicher vor Ihnen, sicher vor anderen!). Oder verleihen Sie das Geld, wenn Menschen Ihres Vertrauens kurzfristiger als Sie damit etwas anfangen können. Nehmen Sie einen Zinssatz, der höher liegt als der, den die Bank Ihnen für eine Anlage zahlen würde, aber niedriger als der, den Ihre Freunde oder Familie zahlen müssten. So profitieren beide Seiten davon. Und vergewissern Sie sich, dass Ihnen das Geld zum gewünschten Zeitpunkt auch zurückgezahlt werden kann! Und nochmals Vorsicht: nur bei vollem Vertrauen! Und gerade dann auch besser schriftlich. Wenn alles klar ist, dann steht einer Fixierung auf Papier ja nichts im Wege ...

Wenn Ihnen der Urlaub zu viel bedeutet, um ihn zu streichen, dann schauen Sie, ob Sie nicht ohnehin zwei Mal im Jahr verreisen und zumindest den einen Urlaub streichen können. Eine willkommene Gelegenheit, die unmittelbare Umgebung neu zu erkunden und Tagestouren zu machen, oder endlich mal die Freunde auf dem Land zu besuchen, die Sie schon seit Jahren vertrösten, weil Sie doch jedes Mal zum Skilaufen fahren oder auf sonnige Inseln. Vergessen Sie nicht, dass wir in unseren Breitengraden, bei allen Einschränkungen, die individuell an der Tagesordnung sein mögen, immer noch von sehr hohen materiellen Gewohnheiten ausgehen können, und oftmals merken wir es nicht mehr, wir nehmen es als gegeben hin. Gerade auch dies zu hinterfragen ist sinnvoll.

Sie wollten lange schon um eine Gehaltserhöhung bitten? Tun Sie es, es ist Zeit! Und zahlen Sie, wenn Sie erfolgreich waren, das zusätzliche Geld regelmäßig auf Ihr Immobilienkonto.

Schauen Sie, wie Sie sich in Abendstunden oder am Wochenende stundenweise etwas Geld dazuverdienen können. Nicht unbedingt mit einer Mehrbelastung, sondern mit solchen Tätigkeiten, die Sie ohnehin gerne verrichten, mit Aufgaben, die Ihnen auch noch einen Ausgleich schaffen, den Stress abbauen und für körperliche Ertüchtigung sorgen. Vielleicht gibt es

Bedarf, in Ihrem Haus oder in der unmittelbaren Nachbarschaft, an einigen Stunden Hausmeistertätigkeiten. Oder machen Sie Gartenarbeit. Viele ältere Menschen möchten lange ihr Haus nicht aufgeben, oftmals wegen des schönen Gartens, den zu pflegen für sie aber immer schwieriger wird. Oder kümmern Sie sich um kranke oder ältere Nachbarn, die bereit sind, Ihnen die Stunden zu bezahlen. Gleichzeitig schaffen Sie Freude und Ihre Hilfe wird wirklich gebraucht und geschätzt!

Lassen Sie die Menschen in Ihrem engeren Umfeld ruhig wissen, warum Sie sich etwas dazuverdienen wollen. Viele werden Sie umso lieber dabei unterstützen, wenn Sie wissen, dass Sie ein Ziel haben und sich etwas „Bleibendes" schaffen möchten.

Die Anführungszeichen stehen, weil eines ganz klar sein sollte: Mit dem Kauf einer Wohnung oder eines Hauses schrauben Sie sich eine Stufe höher im Hinblick auf die Sicherheit, dort wohnen bleiben zu können und höchstwahrscheinlich einen Wertzuwachs, mindestens aber einen Werterhalt zu generieren. Sie kaufen sich aber keine Unsterblichkeit! Manche scheinen das zu vergessen. Allerdings: Wenn Sie Kinder haben, dann fließt natürlich diese Überlegung mit ein in Ihr Handeln. Aber auch dann ist es ratsamer, sich die Zukunft nicht als lineare, einzig in Ihrer Vorstellung auferstehende Allee der Stabilität und Glückseligkeit vorzustellen. Gerade in einem Land wie Deutschland, gerade auf einem Kontinent wie Europa, wissen wir ja, was Bombenhagel, Exil und Enteignung bedeuten. Immobilien sind, wie ihr Name es sagt, nicht beweglich.

Gehen Sie Ihr Vorhaben also mit allem Eifer an, aber heben Sie sich die Metaphysik für andere Belange des Lebens auf. Eine weitere, für mich goldene Regel lautet: Voller Einsatz, ja, aber nie so viel, dass, würde ich alles verlieren, ich fühlen müsste, auch mein Leben verloren zu haben.

Mit dem finanziellen Aufwand und der Zeit, die Sie einem Immobilienkauf widmen, sollte Sie sich niemals übernehmen.

Konkret heißt das: Finanziell kein wesentlicher Mehraufwand als Ihre aktuelle Miete; zeitlich einmal so viel wie nur irgend möglich, damit Sie die richtigen Entscheidungen treffen und danach in Ruhe wohnen und leben können.

Immer wieder bin ich Menschen begegnet, die durch Unwissenheit und fehlende Planung am Anfang sich in Verpflichtungen begeben haben, die Sie danach bereuten und Schwierigkeit hatten zu erfüllen.

Dieses Buch soll IHNEN helfen, von Anfang an einen mündigen Weg zu gehen, Ihren Weg!

Wenn Sie nach Ihrem ersten Kassensturz feststellen: Das Geld reicht nicht, setzten Sie sich ein Ziel. Definieren Sie zunächst, wie viel Immobilie Sie sich leisten können. Hierzu stehen Ihnen zahlreiche <u>Online-Kreditrechner</u> und Darlehensrechner zur Verfügung. Geben Sie dort Ihre Eckdaten ein. Am wichtigsten zunächst die monatliche Rate, die Sie denken stemmen zu können. Als Richtwert kann hier Ihre aktuelle Nettokaltmiete dienen. Vergessen Sie nicht: Auch als Mieter zahlen Sie Nebenkosten, doch als Eigentümer werden diese Nebenkosten etwas höher liegen, denn Sie sind dann auch verantwortlich, die anderen, die so genannten nicht umlagefähigen Kosten zu tragen. Dies sind im Wesentlichen die Gebühr für die Hausverwaltung und die Rücklagen, also der Sparanteil. Gehen Sie davon aus, dass Ihre Mieternebenkosten, je nach Wohnung und Haus, in etwa zwei Drittel bis vier Fünftel der gesamten Nebenkosten ausmachen.

Ein Beispiel: Zahlen Sie gegenwärtig eine Warmmiete (brutto) von 600,- € monatlich, die sich aufteilt in eine Kaltmiete (netto) von 400,- € und Nebenkosten von 200,- €, so ergibt sich für Sie als potenzieller Eigentümer eine Summe von maximal bis zu 300,- € Nebenkosten. Entscheiden Sie, ob Sie sich 100,- € zusätzlich leisten können, oder ob Sie die Summe, die Ihnen für einen Kredit zur Verfügung steht, reduzieren müssen.

Prüfen Sie mithilfe eines Online-Rechners, welche Kreditsumme Sie mit 400,- € monatlich finanzieren könnten. Hier spielen die Parameter des Zinssatzes und der Laufzeit eine wesentliche Rolle. Suchen Sie in einem Parallelfenster den Zinssatz, den „Ihre" Bank zur Zeit anbietet, und ein oder zwei Alternativen von anderen Banken. Damit wissen Sie, in welchem ungefähren Zinsrahmen wir uns gegenwärtig bewegen. Schlagen Sie sicherheitshalber einen halben Prozentpunkt auf. Die online beworbenen Zinssätze sind oft nicht jene, die der Bankberater einem dann vorschlägt, wenn man konkret nachfragt. Besonders bei Erstkäufern und jenen Kunden, die den Banken wenig Sicherheiten bieten, drückt sich das dann gerne in einem höheren Zinssatz aus. Ein anderer, SEHR wichtiger Aspekt ist die Kreditlaufzeit. Jedes Land hat da seine Eigenheiten. Die Eigenheit der deutschen Kreditpraxis ist die, meist die Laufzeit des Zinssatzes anzugeben, 5, 10 oder 20 Jahre zum Beispiel, und dazu dann die Höhe der Tilgung, ebenfalls ausgewiesen als Prozentsatz. Doch lassen Sie sich nicht täuschen. Sie wollen ja wissen, wie lange Sie zahlen müssen, bis Ihre gesamten Schulden zurückgezahlt sind. Denn hier gilt: Je länger Sie abzahlen, desto höher wird der gesamte Zinsaufwand, also umso teurer der reelle Kaufpreis; je schneller Sie abzahlen, desto geringer fällt der endgültige Zinsanteil aus. Aber gerade beim aktuell niedrigen Zinsniveau können Sie davon ausgehen, dass es, wenn es Veränderungen geben wird, nur zu einer Zinssteigerung kommen kann. Sie möchten vermeiden, nach 10 Jahren Festschreibung des niedrigen Zinssatzes einen Neuvertrag mit der Bank aushandeln zu müssen, zu einem wesentlich höheren Zinssatz, um den noch hohen Restschuldbetrag zu finanzieren, wenn Sie den Fehler begangen haben, in den ersten 10 Jahren nur 1 % zu tilgen. Eine niedrigere monatliche Rate sieht zwar ganz schön aus und bereitet dem Portemonnaie ganz zu Anfang Freude. Aber

Vorsicht: Die Rechnung kommt am Schluss!

Daher mein Rat, gerade wenn Sie mit wenig finanziellem Rückgrat an die Sache herangehen: Interessieren Sie sich nur für die sogenannten <u>Annuitätendarlehen</u>. Dies sind Darlehen, bei denen die monatliche Belastung konstant bleibt und die Gesamtlaufzeit von vornherein feststeht. Die Zusammensetzung der Monatsrate variiert ab dem 2. Monat. Dies bedeutet, dass zu Anfang der Zinsanteil höher ist, die Tilgung gering, zum Ende hin aber verhält es sich dann genau umgekehrt. Und Sie wissen: Mit dieser Rate X zum Zinssatz Y, der für die gesamte Laufzeit des Darlehens feststeht und damit vorhersehbar bleibt, haben Sie alle Schulden in zum Beispiel 10, 15 oder 17 Jahren zurückgezahlt.

Von französischen Banken kenne ich zusätzlich das Flexi-Modul, das dem Kunden erlaubt, jedes Jahr zum Stichtag des Kreditbeginns die Höhe der Monatsrate nach oben anzupassen, wenn er entsprechend höhere Einkommensnachweise vorlegen kann. Insbesondere für Freiberufler ist dies eine wunderbare Alternative. Es erlaubt einem Planungssicherheit, weil man weiß, welches Monatsminimum einkalkuliert werden muss. Aber wenn das Geschäftsjahr ganz gut verlief und die Perspektiven für das Folgejahr ähnlich aussehen, dann können Sie für 1 Jahr die monatliche Belastung anheben, vielleicht sogar verdoppeln. Was zur Auswirkung hat, dass Sie damit die Kreditlaufzeit verkürzen, also in der Gesamtsumme weniger Zinsen zahlen werden. Doch Vorsicht: Es ist besser, aus dem zusätzlich erwirtschafteten Geld sofort einen Teil als Rücklage zu bilden, um dem Mehraufwand gerecht zu werden. Wenn die Aufträge dann nämlich doch ausbleiben und Sie die doppelte Rate nicht zahlen können, würde es brenzlig.

Es lohnt sich demnach, die Bank nach einem derartigen Produkt zu fragen. Doch tendenziell steht das deutsche Bankenwesen da weniger flexibel da.

Ein anderes wichtiges Detail sind die Sondertilgungen. Auch hier gilt: Zahlen Sie früher als geplant zurück, verliert die Bank an Gewinn. Entsprechend wird ein Strafzins oder Ausgleichszins fällig. Egal. Sie sollten vertraglich IMMER die Möglichkeit vereinbaren, jederzeit Sondertilgungen leisten zu können, beispielsweise in Höhe von 10 % des verbleibenden Kreditbetrages. In jedem Fall aber müssen Sie sich die Option garantieren lassen, jederzeit (oder zu einem jährlichen Stichtag) die gesamte Restschuld zu tilgen. Sie könnten erben oder privat einen zinsfreien Kredit angeboten bekommen. Die Lebensumstände sind viel weniger vorhersehbar, als wir es oft glauben mögen. Da ist es immer gut, von Anfang an eine Hintertür mit eingeplant zu haben.

Viele Menschen, mit denen Sie sprechen werden, werden Ihnen sagen, dass es immer gut ist, ein wenig verschuldet zu sein. Und sie werden Ihnen eine Rechnung aufstellen, von Inflation sprechen. Doch schauen Sie genau hin, wer so spricht und handelt. Meist jene, die weniger Sorge haben, laufende Kosten zu stemmen, die finanziell wendiger sind und sich dann auch erlauben können, es sprachlich zu sein. Aber wenn Sie zu denen zählen, die unregelmäßige und niedrigere Einkommen haben, dann fahren Sie besser, wenn Sie absehbar schuldenfrei werden können.

>>> *aus der Praxis:* **New York der 1970er Jahre – Wagemut**

Ich hörte einmal die Geschichte von einem New Yorker, der in den Siebzigerjahren als junger Mann in den Kunsthandel ging und zur Miete in einem der typischen Backstein-Buildings in SoHo lebte. Zu dieser Zeit war dies eine der am wenigsten begehrten und daher günstigsten Innenstadtlagen in Manhattan.

Das Haus sollte verkauft werden und der Jungunternehmer hatte die Idee, dass die Mieter gemeinsam das Haus kaufen könnten. Doch zu viele seiner Nachbarn hatten Angst, sich zu verschulden, waren von der Idee mehr denn vom Finanzaufwand überfordert. So machte der junge Mann die Runde aller seiner Freunde und Geschäftskontakte und bat um Kredit. Damit gelang ihm, den Kaufpreis zu stellen und so kaufte er das Haus allein. Etwas später meldeten sich einige Nachbarn, sie seien nun doch interessiert am Kauf ihrer Wohnung. So wurde das Haus in eine WEG aufgeteilt und nach und nach konnte der Kunsthändler Wohnungen abverkaufen – mit einem Gewinnaufschlag, schließlich hatte er alleine das Risiko getragen und die Arbeit geleistet – und Kredite zurückzahlen. SoHo wandelte sich zu einem der begehrtesten, also teuersten Wohngebiete, der Rest des Hauses konnte mit einem großen Mehrgewinn verkauft werden. Der Mann zog weiter, in eine andere, seinerzeit wenig angesagte Nachbarschaft und wiederholte, auf einem größeren Level und nun mit Eigenkapital, die Erfahrung aus SoHo. Heute zählt auch diese Nachbarschaft zu den teuersten Pflastern in der Stadt. Hier wurden also Wissen, Risikobereitschaft und Handlungsfähigkeit auch finanziell belohnt.

Banken
Wenn Sie sich also dazu entscheiden – wollen oder müssen –, bei einer Bank um die Finanzierung Ihrer Immobilie anzusuchen, sollten Sie im Vorfeld des Beratungsgesprächs einige Dinge beachten und vorbereiten. Gehen Sie nie „einfach mal so" vorbei. Für die Bank, selbst wenn Sie privat auftreten, werden Sie immer ein Geschäftspartner sein. Deshalb sollten Sie sich auch dementsprechend verhalten und Signale setzen.

   Sie können bei jener Bank beginnen, bei der Sie seit Jahren Ihr Girokonto halten. Oder aber Sie gehen zuerst zur Konkurrenz.

Und damit ist das Wort gefallen, dass Sie während dieser Phase ruhig hier und da fallen lassen können: Konkurrenz! Eine fremde Bank, die Ihnen einen Immobilienkredit gewähren würde, hätte damit einen Neukunden gewonnen, denn normalerweise verlangt diese Bank dann den Transfer Ihres Giro- bzw. Gehaltskontos, mit der Aussicht, Ihnen in der Folge andere Finanzprodukte leichter anbieten zu können. Der Vorteil für Sie: Nicht alles Ihrer vergangenen Kontoführung ist einer fremden Bank bekannt oder zugänglich. Für Ihre angestammte Bank aber schon. Je nachdem, wie Ihre finanzielle Situation vor zwei oder drei Jahren aussah, kann das eine oder das andere von einem gewissen Vorteil sein. Ihre Hausbank möchte Sie natürlich nicht verlieren und Sie können auf einen gewisse „Heimvorteil" setzen. Lassen Sie Ihre Gesprächspartner also gerne wissen, dass Sie bereits andere Angebote vorliegen haben oder dass noch Termine anstehen. Treten Sie immer mündig und selbstbewusst auf. Vergessen Sie nie: Niemand schenkt Ihnen hier etwas oder tut Ihnen einen Gefallen. Es geht um ein Geschäft, bei dem die Bank verdienen wird. Punkt. Der Nimbus, der um einen Kreditvertrag entsteht, ist einzig der Tatsache geschuldet, dass die Bank sich absichern will und muss. Das tut sie unter anderem durch die Eintragung einer Grundschuld/Hypothek im Grundbuch zu ihren Gunsten. Wenn Sie mit Ihren Einkünften aber bisher über die Runden kommen und Ihre Miete fristgemäß bezahlen, nun in etwa dieselben Aufwendungen für einen Immobilienkredit und die laufenden Hauskosten eingeplant haben, so liegt das Risiko für eine Bank, zumal bei relativ niedrigen Kaufpreisen, in einem sehr überschaubaren Rahmen. Sie bitten also nicht um Almosen oder eine Sonderbehandlung. Vergessen Sie das nicht. Es hat einen nicht unwichtigen Einfluss auf Ihr Auftreten. Wenn Sie unsicher vor einem Bankberater sitzen, wenn selbst Sie Zweifel zeigen an der Richtigkeit Ihres Schrittes hin zum Wohneigentum, weshalb sollte dann Ihr Gegenüber das Defizit wettmachen und Sie bestärken?

Bereiten Sie sich also vor: Sofern Sie es vermeiden können, gehen Sie keine anderen Kreditverpflichtungen im Vorfeld eines Immobilienvorhabens und Kreditantrages ein. Selbst wenn Sie es sich rechnerisch leisten können, das neue Auto auf Ratenzahlung zu kaufen, oder die neue HomeCinema-Anlage: Die Monatsbeträge wird die Bank von Ihrem verfügbaren Nettoeinkommen abziehen, um die Bemessungsgrundlage Ihres potenziellen Kreditrahmens zu ermitteln. Da wäre es ärgerlich, wegen einer anderen, relativ kleinen Kreditzahlung, nun die Finanzierungschancen Ihres Eigenheims zu vereiteln. Setzen Sie also Prioritäten. Und in der Anbahnung eines Wohnungskaufes, besonders bei reduzierten Ressourcen, sollte dieser Kauf Ihre Priorität sein.

Stellen Sie sich eine <u>Akte *IMMOBILIE*</u> zusammen und heften Sie alle Dokumente säuberlich ab. Selbst wenn für eine Bank im Endeffekt immer die Zahlen sprechen werden, so geht Ihr formeller Auftritt nicht unbeachtet an Ihren Gesprächspartnern vorüber. Schreiben Sie auf den Ordner außen WOHNUNGS-PROJEKT oder IMMOBILIE – oder eine andere Bezeichnung, die sofort signalisiert: Hier sitzt jemand, der sich mit der Materie bereits eingehend befasst hat, der weiß, was er will.

Heften Sie eine Kopie Ihres Ausweises oder Passes mit Anmeldebestätigung ab; sofern Sie einen haben: auch einen Auszug aus dem Geburtsregister. Dahinter Kopien Ihrer letzten Kontoauszüge (3-5 Monate). Heben Sie dort in verschiedenen Farben einerseits Ihre gesamten Einkünfte hervor, andererseits die Ausgaben für Ihre Miete und Mietnebenkosten.

Lassen Sie sich von Ihrem gegenwärtigen Vermieter oder dem Verwalter eine Bescheinigung über Mietschuldenfreiheit ausstellen und heften Sie auch hiervon eine Kopie ab. Sollten Sie gefragt werden, wozu oder für wen diese Bescheinigung gedacht ist, erwähnen Sie Behördengänge und vermeiden Sie, mit der Erwähnung Ihres eigentlichen Vorhabens bei Ihrem gegenwärtigen Vertragspartner (Vermieter) schlafende Hunde zu wecken.

Erstellen Sie, insbesondere wenn Sie unregelmäßige Einkünfte haben, auf einem separaten Blatt eine Berechnung, die den Mittelwert des Einkommens und den Mittelwert der Wohnungskosten ausweist. Setzen Sie beide Zahlen in ein prozentuales Verhältnis. Es gilt bei Banken grundlegend ein Satz von 30 - 33 %. Das bedeutet, ein Drittel Ihres verfügbaren Nettoeinkommens abzüglich aller anderen Kreditverpflichtungen kann für eine Monatsrate des Immobilienkredits veranschlagt werden. Somit können Sie sich im Vorfeld eben auch schon selbst auf einem Online-Kreditrechner einen annähernden Überblick verschaffen, welche Kreditsumme Ihren Einkünften entspricht. Geben Sie dabei einen realistischen, aktuellen Zinssatz ein, am besten, wie gesagt, mit einem halben Prozent Aufschlag für etwas Spielraum. Fügen Sie Ihrer Akte die Kopien Ihrer letzten drei Einkommensteuererklärungen oder Lohnsteuerbescheide bei. Wenn Sie angestellt tätig sind, die Lohn- oder Gehaltsnachweise und am besten auch Ihren Arbeitsvertrag. Sind Sie selbständig tätig, so können Sie ein Dossier Ihrer Rechnungen zusammenstellen, und aller Verträge oder Übereinkommen mit regelmäßigen Auftraggebern. Denken Sie auch an Außenstände. Vielleicht haben Sie Waren auf Kommissionsbasis bei Geschäftspartnern (oder, wie bei Kreativberuflern oft der Fall, Werke bei Agenten oder Vermittlern im Depot). Sind Sie Dienstleister, überprüfen Sie Ihre alten Verträge und sehen Sie, ob aus der einen oder anderen Zusammenarbeit auf der Basis eines Erfolgshonorars noch potenzielle Beträge ausstehen. Alle Dokumente, die etwas über Ihre konkreten Finanzen aber auch über Ihr strukturiertes Geschäftsgebaren aussagen können, sind hier, in diesem Ordner *IMMOBILIE*, willkommen.

Soweit der erste Teil, die Finanzen betreffend. Im zweiten Teil, den Sie auch sichtbar markieren sollten, sammeln Sie Informationen zu Immobilien. Nehmen Sie Ausdrucke von Exposés auf, die jene Wohnungen betreffen, die für Sie von Interesse sind und die Ihren Vorstellungen entsprechen, auch wenn Sie diese Objekte noch nicht selbst besichtigt haben sollten. Es geht darum, dass Sie der Bank Beispiele vorlegen können, die zeigen, dass Wohnungen der Lage und Preisklasse verfügbar sind, wie Sie sie sich leisten könnten. Warten Sie in keinem Fall darauf, dass erst die Bank Ihnen sagen wird, was Sie sich leisten können. Sie müssen der Bank klar vermitteln, dass Sie genau das wollen, was Sie sich auch leisten können, und wenn Sie dabei etwas konservativ rechnen, umso besser! Denn nichts versetzt Sie in eine bessere Situation beim Beratungsgespräch als ein Bankberater, der Ihnen suggeriert, dass Sie sich sogar noch ein bisschen mehr leisten könnten ...

Doch informieren Sie sich schon im Vorfeld über die Mindestsumme der Finanzierung. Manche Banken kreditieren erst ab einer Summe von 50.000 €. Darunter würde sich der Aufwand im Vergleich zum geringen Gewinn für die Bank kaum lohnen. Allerdings gilt solch eine Pauschalauskunft nur bedingt. Denn es gibt auch Möglichkeiten, die Gesamtsumme aus einem Bausparvertrag und einem Parallel- oder Anschlusskredit zu speisen. Dann sind unter Umständen auch niedrigere Kreditsummen möglich. In jüngster Zeit bieten einige Bankhäuser auch volle Immobiliendarlehen unter 50.000 € an. Informieren Sie sich online auf den Immobilienplattformen, wo solche Kredite oftmals beworben werden!

Machen Sie sich auf den Ausdrucken der Exposés Notizen. Differenzieren Sie die Nebenkosten, also das Hausgeld und stellen Sie Vergleiche an zu Ihren aktuellen Mietnebenkosten. Wir hatten diesen Punkt weiter oben angesprochen. Wenn Sie in etwa ein Drittel Ihrer aktuellen Mietnebenkosten auf die Summe aufschlagen, so erhalten Sie den annähernden Wert des entsprechenden Hausgeldes, das Sie als Eigentümer zu tragen hätten. Stellen Sie sicher, dass aus dem Exposé hervorgeht, ob die Heiz- und Warmwasserkosten im angegebenen Hausgeld enthalten sind. Dieser Anteil kann, wie Sie als früherer oder gegenwärtiger Mieter wissen, beträchtlich zu Buche schlagen.

Statistiken zu Preisentwicklungen in der anvisierten Nachbarschaft, Zeitungsartikel zum Thema Immobilien, so auch die Zinsentwicklung, und alle thematisch relevanten Broschüren sind alle am richtigen Platz in diesem Ordner.

Beim Erstgespräch sollten Sie anhand des Gesprächsverlaufs diese Informationen dem Bankberater vorlegen und ihn um eine Einschätzung bitten, ob angesichts der Zahlen und Ihrer Nachweise ein Kreditantrag aussichtsreich erscheint. Sie sollten, wenn Sie den nächsten Schritt, also die konkrete Suche der passenden Wohnung starten, darum bitten, dass die Bank Ihre Situation prüft und Ihnen – objektunabhängig – eine prinzipielle Kreditzusage über den Maximalbetrag ausstellt. Im besten Fall haben Sie von mehr als nur einer Bank eine solche Zusage. Sie ist wichtig, weil auf dem Immobilienmarkt besonders in Ballungsgebieten und bei günstigen Angeboten natürlich andere Interessenten genauso gut informiert sein werden wie Sie. Dabei spielt dann oft die Schnelligkeit und die Entscheidungsfreudigkeit keine geringe Rolle. Sie sollten also nicht erst dann, wenn Sie in Ihrer Wunschimmobilie stehen, abklären müssen, ob Ihnen eine Bank überhaupt folgt!

Banken und Makler
Nicht selten arbeiten Makler, besonders die größeren Firmen oder Ketten, mit einer Privatbank zusammen. Nutzen Sie also diese Querverbindung. Es ist immer gut, wenn ein Dritter ein Interesse daran hat, dass der Kauf, also die Finanzierung,

zustande kommt! Ich habe selbst einmal die Erfahrung gemacht, dass meine „Hausbank" bei einem Kauf mich nicht begleiten wollte, die Bank aber, mit der der vermittelnde Makler ein Abkommen hatte, sich sehr wohl meines Dossiers annehmen wollte. Als der Kredit dann bewilligt war, sagte mir der Berater unter der Hand, es sei gewiss eine stolze Summe für mich, für die Bank aber läge sie noch unterhalb des Grenzbetrages, der eine Prüfung des Dossiers durch die Zentralverwaltung notwendig mache. Der Filialleiter könne über solche Kreditsummen am Tag des Antrags selbst entscheiden.

Wenn Sie beim Erstgespräch sitzen, bitten Sie auch um Einsicht in die Objektlisten der Bank selbst. Denn die meisten (größeren) Banken makeln auch. Somit wäre, aus Sicht der Bank, mit Ihnen und Ihrem Vorhaben doppelt Gewinn zu machen. Nutzen Sie auch diese Dreieckskonstellation zwischen Ihnen, der Finanzabteilung und der Immobiliensparte der Bank. Wenn Sie Dienstleister in Anspruch nehmen, fällt ohnchin eine entsprechende Gebühr an. Haben Sie aber die berechtigte Befürchtung, dass Ihre Finanzierung knapp werden könnte, Sie also nicht viele Garantien bieten können, mag es oft sinnvoll sein, für den Anbieter in einer Person den doppelten Happen darzustellen. Was man auf den ersten Blick gar als einen Nachteil sehen könnte, stellt sich unter dem Strich dann vielleicht als Ihre Chance heraus!

Bürgschaft

Überlegen Sie im Vorfeld, ob eine Person Ihres Vertrauens, die auch Ihnen vertraut, sich für Ihren Kredit verbürgen könnte. Es kann, muss aber nicht ein Familienmitglied sein. Natürlich sollten die Beteiligten immer so handeln, als würden sie die betreffende Summe tatsächlich auszahlen müssen; doch wenn das Vertrauen beiderseits besteht, dass es nie zu diesem Fall kommen wird, sondern die Bürgschaft lediglich ein Schritt ist, um die

Finanzierung überhaupt zu ermöglichen, dann kann dies von großer Hilfe sein. Ob die Bank diese Bürgschaft dann überhaupt möchte oder akzeptiert, steht auf einem anderen Blatt. Aber es schadet nicht, wenn Sie denn über einen solchen potenziellen Bürgen verfügen, sich von ihm einen Zweizeiler verfassen zu lassen, der aussagt, dass er sich zu einer Bürgschaft für einen Kredit im Zusammenhang mit Ihrem konkreten Immobilienvorhaben bereit erklären würde, unter Angabe der maximalen Höhe. Auch dieses Papier sollte gleich zuvorderst in Ihren Ordner.

Fragen Sie Ihren Bürgen, bei welcher Bank er sein Konto hält und bitten Sie dort um einen Ersttermin. Es hilft, wenn die Bank zur Prüfung der Solvenz Ihres Bürgen hausintern Einsicht in dessen Unterlagen nehmen kann und sich im besten Fall versichert, dass und wie die Bürgschaftssumme gedeckt ist. Gegebenenfalls soll Ihr Bürge auf seinem Schreiben ausdrücklich die Genehmigung zu dieser Prüfung erteilen.

Finanzberater
Parallel zu Ihren Direktgesprächen mit Banken, oder als Alternative der zweiten Chance, können Sie sich auch an einen unabhängigen Finanzberater/Finanzierungsberater wenden. Sofern Sie schon mit einer Bank oder einigen Banken direkt gesprochen haben, geben Sie dem Finanzberater hierzu Auskunft. Ein Finanzberater berät Sie unabhängig und wird, sofern er Ihr Dossier als realistisch einschätzt, bei mehreren Banken gleichzeitig einen Kreditantrag für Sie stellen. Im Normalfall entstehen Ihnen hier keine gesonderten Kosten. Klären Sie diesen Punkt aber im Vorfeld (schriftlich) ab. Die Vergütung dieser Dienstleistung erfolgt intern über die Bank im Falle eines erfolgreichen Kreditvertragsabschlusses.

Der Vorteil eines Finanzberaters ist, dass er einen anderen Zugang zu den Kreditabteilungen der Banken hat, er als professionelle, vorgeschaltete Vertrauensperson agiert und auch gezielte Kenntnisse hat, bei welcher Bank welche Darstellung Ihrer Situation am meisten Chancen auf Erfolg hat.

Alternative Banken und Kredite

Es gibt eine große Zahl an Kreditinstituten und Kreditformen, die alternativ zu den klassischen Privatbanken, auch zu Sparkassen oder genossenschaftlichen Banken, arbeiten. Natürlich unterliegen alle Kreditinstitute einer einheitlichen Regelung und den inländischen Gesetzen. Doch eine eigene Unternehmenskultur hat dennoch Platz. Schöpfen Sie dieses Potenzial aus. Suchen Sie kleinere Banken auf, ausländische Banken, „grüne" Banken. Wenn Sie Ihre Finanzierung wirklich wollen, geben Sie nicht so schnell auf, nicht schon nach der 3. Absage. Nehmen Sie es sich zum Ansporn, es eben doch zu schaffen. Mit Köpfchen, einem klaren Ziel, guten Argumenten und einem gewinnenden Auftreten.

Halten Sie sich aber fern von Kreditangeboten, die Ihnen eine Zusage garantieren „binnen 24 Stunden", oder „ohne Schufa-Auskunft". Gerade als Neuling ist hier höchste Vorsicht geboten. Und sagen Sie sich immer: Wenn ich in meiner Situation und mit meinem Vorhaben bei den klassischen Banken kein Gehör finde, weshalb sollte ich andernorts hürdenfrei zu meinem Kapital finden können, ohne dafür den entsprechenden Preis zu zahlen? Ohnehin ist es sinnvoll und gesund, bei aller Entschiedenheit für und Konzentriertheit auf Ihr Projekt, immer zu fragen, was Ihr jeweiliges Gegenüber daran verdient, welchen Nutzen die anderen daraus ziehen. Das schützt davor, billigen Versprechen auf den Leim zu gehen.

Gemeinsam kaufen?

Eines ist aber sicher: Geringes Einkommen und fehlende Sicherheiten lassen sich nicht aus der Welt zaubern. Doch ein

Zauberwort gibt es schon: Gemeinsamkeit! Energien, Wünsche und Finanzen bündeln mit Gleichgesinnten. Denn viele der interessanteren Fördermöglichkeiten beziehen sich auf etwas größere Projekte, die sich alleine nicht stemmen lassen. Denken Sie: Gemeinschaft. Überlegen Sie und befragen Sie sich, ob Sie der Typ sind für ein gemeinschaftliches Projekt mit anderen. Wenn Sie es sind oder denken, es werden zu können, horchen Sie sich um, wer auch Wohneigentum schaffen möchte. Beginnen Sie in Ihrem persönlichen Umfeld, bei Familie, Freunden, Nachbarn, Kollegen. Bei Menschen, die Sie kennen. Wenn Sie es sich mit diesen Menschen nicht vorstellen können, wird es keine besseren Anderen geben, nur idealisierte. Und Sie sollten sich eingestehen, dass Sie „Ihr Ding" lieber alleine machen sollten, oder gar nicht. Doch wenn die Menschen um Sie herum für ein derartiges Projekt, also den Kauf eines Mehrparteien-Hauses, in Frage kommen, dann los! Träumen Sie, planen Sie, begeistern Sie! Hierbei handelt es sich nicht um die Wiederbelebung von Kommunen, sondern ganz einfach um eine der heutigen Zeit entsprechende Alternative zu den klassischen (jeder für sich alleine) Formen des Wohnungskaufs.

Die Organisation einer solchen Gruppe kann unterschiedliche juristische Formen annehmen. Die gängigsten sind die Genossenschaft und die WEG. Das Prinzip ist aber stets ähnlich. Es gibt hierzu umfangreiche Spezialliteratur und auch das Internet ist eine unerschöpfliche Quelle zu genossenschaftlichen Wohnprojekten, Bauherrengruppen, Mehrgenerationenhäusern. Machen Sie sich schlau, gehen Sie zur einen oder anderen Informationsveranstaltung und erfahren Sie, was andere machen und wie sie es machen.

Würde ich an einem kollektiven Wohnen teilhaben wollen, so läge meine Präferenz auch dort bei der WEG. Bestimmt aus fehlender Kenntnis der genossenschaftlichen Modelle von innen heraus, bestimmt also aus Gewohnheit. Aber auch, weil ich bei aller Gemeinsamkeit die Privatheit schätze, und dies nicht nur für meinen Lebensraum, sondern auch für mein Kapital. Im Folgenden beschreibe ich eine Vorgehensweise, die sich aus diesen Überlegungen und Vorlieben speist. Sie soll als Beispiel stehen.

Stellen Sie sich vor, Sie können 8 – 10 andere Menschen für ein Kaufvorhaben gewinnen. Jeder möchte zu seiner eigenen Wohnung finden, oder zu einem Arbeitsraum. Suchen Sie gemeinsam nach der passenden Immobilie. Ein leerstehendes Haus kostet in manchen Städten denselben Preis wie eine einzelne Wohnung in anderen. Denken Sie also an Ihre geografische Flexibilität. Oder suchen Sie, wo Sie leben und schauen Sie, welche Preise aufgerufen werden. Gemeinsam sind Sie stärker. Jeder Einzelne in der Gruppe wird ganz unterschiedliche finanzielle Mittel haben und bei Banken unterschiedlich kreditwürdig sein. Vielleicht reicht Ihr Eigenkapital oder Ihr Kreditrahmen bei einer Bank für Ihren proportionalen Anteil des Kaufpreises, nicht aber für die Sanierung der Wohnung und des Gemeinschaftseigentums. Es lässt sich an ein Modell denken, bei dem sich die Gruppe als Käufergemeinschaft konstituiert, unter vorheriger Festlegung, wer welche Wohnung erhält. Im Zuge des Kaufs wird das Eigentum aufgeteilt, das bedeutet, es werden einzelne Grundbuchblätter pro Wohnung angelegt, die Gemeinschaftsordnung, also die Teilungserklärung, erstellt. Auf Ihren Inhalt sollten alle gemeinsam achtgeben. Hier besteht Gestaltungsspielraum. Parallel zum Kauf wird in der einen oder anderen Form ein privatrechtliches Vertragswerk aufgesetzt, dass die Finanzierung der einzelnen Wohnungen und des Gemeinschaftseigentums regelt. Das Prinzip hierbei ist, dass diejenigen, die über mehr Kapital und Finanzierungsrahmen verfügen, den fehlenden

Anteil anderer ausgleichen, bei gleichzeitiger festgelegter Rückzahlung und grundbuchlicher Absicherung. Somit sind alle am selben Projekt beteiligt, sind solidarisch und haben eine Absicherung durch die konkrete Immobilie. Der alleinstehende Großverdiener zum Beispiel kann somit der finanzschwächeren Familie helfen, dennoch zu den eigenen vier Wänden zu finden und hat dabei keinen finanziellen Verlust. Das Kapital wird ihm zurückgezahlt, selbst mit einer entsprechenden mittleren Verzinsung, die für beide Seiten ein Gewinn ist, da die Gewinnmarge der Bank ausgeschaltet wird. Gleichzeitig hat der finanzierende Nachbarfreund bis zur Rückzahlung die grundbuchliche Absicherung, und zwar nicht in irgendeiner Immobilie, sondern an seinem eigenen Wohnort. Im Grunde ersetzen die finanzstärkeren Projektpartner zum Teil die Banken, bei gleichzeitigem sozialen und zwischenmenschlichen Gewinn.

Diese Formen des Miteinander sind nicht das dominante Modell in unseren Städten, doch haben sie, denke ich, eine gute Zukunft vor sich, lassen sie doch den Beteiligten viel Raum für die eigene Gestaltung – zudem entspricht dies unserer Zeit der progressiven Rückbesinnung auf das Gemeinsame, sei es auch motiviert durch wachsende Not.

<ins>Mietkauf/Rentenkauf</ins>
Der Mietkauf, wie es der Name sagt, ist eine Mischform von Miete und Kauf. Es handelt sich zunächst um einen Mietvertrag, in dem der Mieter das Recht zugesagt bekommt, die gemietete Sache, also das Haus oder die Wohnung, zu einem späteren Zeitpunkt oder innerhalb einer Frist zu kaufen. Der Kaufpreis steht im Vorfeld fest. Auf den Kaufpreis werden die Mietzinszahlungen als Ratenzahlungen angerechnet.

An sich ein interessantes Modell, besonders für den Mieter/Käufer, erlaubt es ihm doch, die höchste Aufwendung für den finalen Kaufpreis zum einen durch die Monatszahlungen zu reduzieren, zum anderen aber auch zeitlich nach hinten zu schieben. Der Haken am Mietkauf ist, dass die meisten auf dem Markt unter diesen Bedingungen angebotenen Objekte eher zu den Ladenhütern zählen – oftmals ist es Omas Häuschen auf dem platten Land. Hier versuchen Eigentümer, zwei Fliegen mit einer Klappe zu schlagen: einen Käufer zu finden, der ihnen im Endeffekt die Bürde abnimmt und in der Zwischenzeit die Immobilie bewohnt, als Garant also gegen Leerstand, Verfall und Vandalismus. Welchen Grund sollte ein Eigentümer sonst haben, auf die sofortige Zahlung des vollen Kaufpreises zu verzichten?

Schauen Sie sich also genau das Angebot an und holen Sie sich, was die Vertragsbedingungen anbelangt, professionellen Rat bei einem jener Rechtsanwälte und/oder Steuerberater, die sich besonders mit Immobilienrecht auskennen.

Sind Sie allerdings interessiert daran, Ihre gegenwärtige Mietwohnung zu kaufen, könnten Sie mit Ihrem Vermieter sprechen, besonders wenn es sich um eine Privatperson handelt, um über die Möglichkeit eines Mietkaufes nachzudenken. Doch stellen Sie sicher, dass Sie zum vereinbarten Zeitpunkt – meist einige Jahre später – dann auch liquide sind, um den Kaufpreis zu begleichen. Das blinde Unterzeichnen, besonders wenn der Vertrag nicht die Option, sondern die Verpflichtung zum Kauf beinhalten sollte, kann Sie in große Schwierigkeiten bringen. Wenn Sie jetzt nicht den Kaufpreis aufbringen können, was macht Sie so sicher, dass Sie es in einigen Jahren schaffen werden? Lassen Sie sich nur darauf ein, wenn Sie einerseits ein sehr interessantes Angebot haben, also möglicherweise Ihre aktuelle Wohnung, andererseits aber wissen, dass eine festgelegte Geldanlage in ein paar Jahren zur Auszahlung kommt, oder sie gewiss eine Schenkung als Voraus-Erbe erhalten werden. Alles andere wäre leichtfertig und gefährlich!

Leibrente:
Eine weitere Form, in Deutschland allerdings noch wenig verbreitet, ist der Immobilienverkauf gegen Leibrente. In Frankreich wird diese Regelung unter der Bezeichnung *viager* recht häufig praktiziert. Das darin enthaltene *vie*, Leben, sagt schon etwas über den Inhalt aus. Es handelt sich um Zahlungen, die lebenslänglich an den Verkäufer der Immobilie zu zahlen sind. Böse Zungen meinen, es sei ein Spekulationsgeschäft mit dem Tod des Geschäftspartners. Positiv betrachtet würde man mit heutigem Vokabular dies eher eine Win-Win-Situation nennen.

Wie funktioniert der Verkauf gegen Leibrente? Beim Verkäufer handelt es sich um eine ältere Person, meist in ihren Siebzigern oder Achtzigern, oder aber um ein älteres Paar. Beim Objekt unterscheidet man zwischen der leerstehenden und der durch den Verkäufer selbst genutzten (oder von ihm an einen Dritten vermieteten) Immobilie. Der Käufer kann jeder sein. Der Käufer könnten Sie sein! Der zugrunde gelegte Kaufpreis orientiert sich am aktuellen Marktwert. Hiervon wird in Proportion zu gegenwärtigem Lebensalter und zu erwartendem Lebensalter des Verkäufers ein Teil als sofortige Abschlagszahlung festgelegt, ein anderer Teil als monatliche Rentenzahlung, daher der Ausdruck Leib*rente*. Unabhängig vom Wert der Immobilie lässt sich sagen: Je älter der Verkäufer, desto höher Abschlagszahlung und Rentenrate.

Ein Beispiel, so wie man es im Aushang einer französischen Immobilienagentur lesen könnte:

> Leibrente, 1 Kopf weiblich, 79 Jahre, 2-Zimmer-Wohnung Stadtzentrum, Selbstnutzer, Abschlag: 35.000,- €, Rente: 500,- €.

In diesem Fall ist bei der Kaufvertragsunterzeichnung die Summe von 35.000,- € sofort zu zahlen, anschließend monatlich

500,- € solange die Verkäuferin lebt. Nehmen wir an, dass die Wohnung gegenwärtig 100.000,- € im freien Verkauf erzielen würde. Der Käufer zahlt nun jährlich 6.000,- € an Rentenzahlungen, also 60.000,- € über 10 Jahre. Lebt die Verkäuferin nach Vertragsabschluss lediglich weitere 5 Jahre, so hat der Käufer ein wirtschaftlich gutes Geschäft gemacht (35.000,- € + 60.000,- € = 95.000,- €). Lebt sie aber länger als weitere 11 Jahre (35.000,- € + 66.000,- € = 101.000,- €) so würde der Käufer – rein rechnerisch gesehen – beginnen, einen Verlust machen. Dieses etwas ungenaue Rechenbeispiel berücksichtigt allerdings nicht den Zinsaufwand, der bei einem normalen Wohnungskauf mit entsprechender Finanzierung anfiele. Denn, auch dies ist ein Vorteil: Der Kauf gegen Leibrente beinhaltet keine expliziten Zinsbeträge. Es gilt also für den Käufer, die angebotenen Zahlen immer abzuwägen. Kenner des Leibrenten-Verkaufs raten, besser nur „auf einen Kopf" zu setzen, und dann auch lieber auf einen Mann. Männer leben, statistisch gesehen, weniger lang ...

Persönlich finde ich diese Form der Immobilientransaktion sehr attraktiv, für beide Seiten, und sie hat auch nichts Makabres, geht sie doch verantwortungsvoll, vorausschauend und intelligent mit unserer Sterblichkeit um. Der Vorteil für Sie als Käufer: Sie könnten mit Ihrem geringen Eigenkapital vielleicht gerade über jene Summe verfügen, die Sie für die Abschlagszahlung benötigen und würden, im Falle einer freistehenden und nicht vom Verkäufer selbstgenutzten Immobilie, die Monatsrente anstatt Ihres jetzigen Mietzinses zahlen. Und alles, ohne je mit einer Bank in Berührung zu kommen! Für den Verkäufer bietet die Leibrente mehrere Vorteile auf einen Schlag. Deshalb auch denke ich, wird sich dieses System ebenfalls in Deutschland durchsetzen können, bei einer rasant alternden Gesellschaft, in der vielen am Lebensabend neben einer oft unzureichenden staatlichen Rente, wenn überhaupt, lediglich die eigene

Immobilie bleibt. Sie ist dann zwar meist abbezahlt, verursacht aber dennoch Kosten. Mit dem Verkauf der eigenen Wohnung oder des eigenen Hauses regelt der Verkäufer seinen Nachlass, besonders interessant, wenn es keine Erben gibt. Er erhält zunächst eine größere Summe, mit der er je nach wirtschaftlicher Situation Schulden begleichen, Reisen unternehmen oder eine Rücklage für Gesundheitskosten, Geschenke oder Vergnüglichkeiten bilden kann. Zudem wird sein monatlicher Spielraum mitunter kräftig gestärkt. Handelt es sich um eine Leibrente bei gleichzeitiger Weiternutzung der Immobilie, bedeutet dies ein lebenslanges Wohnrecht. Ist es eine Leibrente bei freistehender Wohnung, etwa weil der Verkäufer in ein Senioren- oder Pflegeheim zieht, sind Mittel verfügbar, um gerade diesen Schritt finanziell zu ermöglichen oder zu vereinfachen. Und die dann oft mühselige Frage nach dem Verbleib der Immobilie, nach der Suche eines Mieters und der Verwaltung der vermieteten Immobilie, oder, im Falle eines regulären Verkaufs, nach der Wahl der richtigen Folge-Geldanlage, entfällt.

Für Sie als Käufer mit geringem Kapital ist natürlich die Variante interessanter, bei der Sie selbst ins Haus oder in die Wohnung einziehen können. Dies ist, wie gesagt, dann möglich, wenn der Verkäufer altersbedingt in ein Seniorenheim zieht, oder aber wenn es sich um eine Zweitwohnung handelt, die der Verkäufer als Anlageobjekt gekauft hatte, oder um eine Ferienimmobilie, sei es das charmante Landhaus oder die gut gelegene Strandwohnung.
   Bedenken Sie in Ihren Vorab-Berechnungen dies: Es handelt sich in jedem Falle um einen Kauf, was bedeutet, dass Sie verantwortlich sind für alle anfallenden Kosten der Überschreibung und in der Folge für laufende Kosten und Instandsetzungen der Immobilie. In der Regel verhält es sich so, dass bei einem Verbleib des Verkäufers in seinem vertrauten

Zuhause er weiterhin die laufenden Kosten trägt, also die umlagefähigen Betriebskosten des Hausgeldes, Sie als neuer Eigentümer aber den anderen Teil, also die nicht umlagefähigen Betriebskosten (Verwalter, Rücklage, Instandhaltung ...).

Wenn Ihnen diese Form der Leibrente zusagt und Ihre Zahlen es erlauben, denken Sie, ganz individuell, an konkrete Umsetzungsmöglichkeiten. Nachdem es noch nicht zum leicht verfügbaren Angebot auf dem Immobilienmarkt zählt, juristisch aber vorgesehen und umsetzbar ist, werden Sie kaum Immobilienanzeigen zu Leibrenten-Verkäufen finden. Ich schlage Ihnen vor, in Ihrem direkten sozialen Umfeld zu schauen. Denken Sie zum einen an Menschen Ihres Umgangs, zum anderen an konkrete Häuser oder Wohnungen, von denen Sie wissen. Sprechen Sie die ältere, alleinstehende Nachbarin an, unterhalten Sie sich mit dem netten alten Herrn von gegenüber. Fragen Sie Freunde. Wenn es in einem Klima des Miteinander, auf der Suche um die besten Lösungen für alle geschieht, und wenn die Fakten, die vielen, insbesondere älteren Menschen nicht bekannt sein dürften, nüchtern erörtert werden, dann dürfte sich auch niemand überfahren fühlen. Es hängt der Leibrente eben immer noch etwas Anrüchiges an. Aber das kann sich ändern. Denken Sie daran, dass Sie mit Ihrer Anfrage vielleicht dem älteren Menschen eine neue Perspektive aufzeigen und ihm womöglich die Lösung seiner Probleme anbieten. Und selbst wenn Sie im Endeffekt durch das lange Leben des Verkäufers bedingt mehr zahlen werden als den eigentlichen Marktwert, sagen Sie sich, rein wirtschaftlich betrachtet, zwei Dinge: Bei einem Bankkredit, besonders wenn er auf eine lange Laufzeit angelegt ist, zahlen Sie viele Zinsen, die, zusammengerechnet und ohne Berücksichtigung der Geldwertverschiebungen, ebenfalls eine Summe ergeben, die den eigentlichen ursprünglichen Marktwert der erworbenen Immobilie übersteigt. Und außerdem wären Sie zum Zeitpunkt eines Kaufs auf Leibrentenbasis eventuell nicht in der Lage gewesen, einen Bankkredit für den vollen Kaufpreis der Immobilie zu erwirken. Es zählt also das Ziel, und das heißt: Wohneigentum schaffen. Verteilt über lange Jahre, unter Berücksichtigung eines möglichen Wertzuwachses und unter Aufwendung der sonst für Mietzahlungen „verlorenen" Summen stehen Sie trotzdem besser da. Die Lebensdauer des Verkäufers ist daher nicht ganz so entscheidend. Allerdings: Sehen Sie sich die Anekdote weiter unten an ...

Natürlich können Sie die Übertragung einer Immobilie auf Leibrentenbasis auch innerhalb der Familie anstreben, mit Tante oder Onkel, wenn sie keine Kinder haben, oder auch mit der eigenen Mutter oder dem Vater. Mancher mag dazu dann aber sagen: Weshalb für eine Immobilie zahlen, wenn sie einem als Erbe ohnehin zufallen wird? Ganz einfach: Weil zum einen die Eltern vielleicht bedürftig sind – oder es werden – und man ihnen ohnehin finanziell unter die Arme greifen sollte, manchmal auch muss. Weil zum anderen aber ein Erbe einem nur dann zufallen kann, wenn es zum Zeitpunkt des Todes des Erblassers überhaupt noch existiert. Will heißen: Durch die Bedürftigkeit des Vaters oder der Mutter kann es auch so weit kommen, dass das Haus oder die Wohnung verkauft werden muss. Dann ist zwar dem Älteren geholfen, die Wahrscheinlichkeit aber, dass das Kapital, da es nun einmal flüssig ist, bis zum Ableben „aufgegessen" wird, ist hoch. Das Modell des freudigen Erben ist zwar nicht für alle in unserer Gesellschaft ein Auslaufmodell, aber es lässt sich eben doch in vielen Familien – die Wohneigentum geschaffen haben – beobachten, wie es durch Scheidung, Verwitwung, Arbeitslosigkeit und Krankheit zu einem wirtschaftlichen Einbruch kommt. Das einzige Kapital, das dann oft noch bleibt, ist das Haus oder die Eigentumswohnung. Also gilt es auch für die Jüngeren umzudenken und entsprechend zu handeln. In der Gestaltung einer solchen für alle vorteilhaften Übereinkunft ist viel Freiraum und es kommt immer auf die konkrete Familiensituation an. Zögern Sie also nicht, sobald Ihre Ideen klar sind, darüber mit Eltern, Geschwistern und der weiteren Familie zu sprechen.

> >>> *aus der Praxis:* **Frankreich, *viager* und Jeanne Calment**
>
> Das französische Äquivalent der Leibrente, der *viager*, dürfte manchem in Deutschland vielleicht zu Ohren oder Augen gekommen sein, als vor langen Jahren eine zum Schmunzeln anregende Anekdote durch die Presse ging. Als Jeanne Calment 1997 im Alter von 122einhalb Jahren verstarb, und damit bis heute der Mensch mit dem höchsten je erreichten Lebensalter war, wurde auch über den Verkauf ihrer Wohnung gegen eine Leibrente berichtet. Die Dame aus dem südfranzösischen Arles, die sich an eine Begegnung mit Vincent van Gogh und an den Bau des Eiffel-Turms von 1889 erinnerte, hatte mit 90 Jahren ihre Wohnung gegen eine monatliche Rente von 2.500,- Francs (etwa 375,- €) an Ihren 47jährigen Notar (!) als *viager* verkauft. Als dieser 30 Jahre später 77jährig verstarb und bis dahin 900.000,- Francs (etwa 135.000,- €) bezahlt hatte, entsprach diese Summe etwa dem dreifachen Wert der Wohnung. Die Witwe des Notars musste die Monatszahlungen fortsetzen, für weitere zweieinhalb Jahre!

Privatkredit
Ein anderer Fall ist der Privatkredit. Dieser setzt, ganz wie die Bankbürgschaft, absolutes Vertrauen in beide Richtungen voraus. Will man dennoch eine Rechtssicherheit, so sollte man den Gang zum Notar nicht scheuen.

In Freundschaften und innerhalb der Familie ist es nicht

unüblich, dass die einen über wesentlich mehr Geldvermögen verfügen als die anderen. Dennoch kann es auch hier eine Win-Win-Situation geben. Und der Kreditgeber mag zudem ideell Ihr Immobilienprojekt unterstützen wollen. Auch hier wird die Bank umgangen, zum Gewinn beider Seiten. Der Kreditgeber erhält auf sein verliehenes Kapital einen Zinssatz, den er als Anleger am Geldmarkt entweder gegenwärtig nur schwerlich oder aber in gleicher Höhe erzielen würde (mit dem Unterschied, Ihnen dabei dann nicht zu helfen), Sie als Kreditnehmer aber zahlen dennoch einen tragbaren Zinssatz. Dieser mag unter Umständen etwas oberhalb des günstigsten Bankkredits liegen, aber vergessen Sie nicht: Hier wird Ihnen durch das persönliche Band jenes Vertrauen entgegengebracht, das die Bank Ihnen gegebenenfalls nicht schenkt. Sie haben also durch den Privatkredit die Möglichkeit, überhaupt erst zum Kapital zu gelangen, mit dem Sie Ihren Wunsch nach einem Eigenheim umsetzen.

Prinzipiell stehen zwei Rückzahlungsmodelle zur Verfügung. Einerseits das weiter oben bereits beschriebene Annuitätendarlehen. Dabei ist es sinnvoll, die Amortisierungstablle, also die Auflistung der auf die Laufzeit festgelegten Rückzahlraten und Daten, gleich mit in den Kreditvertrag aufzunehmen. Oder aber Sie vereinbaren einen Kredit *in fine*. Hierbei zahlen Sie einen festen Zinssatz auf das gesamte Kapital, das während der vereinbarten Zeit tilgungsfrei bleibt. Am Zahltag zahlen Sie dann die gesamte Summe in einem Mal zurück. Doch hier gilt erneut: Machen Sie das nur, wenn Sie ganz sicher sind, in X Jahren über diese Summe zu verfügen oder zumindest Möglichkeiten haben, sie dann anderweitig durch eine Folgefinanzierung verfügbar zu machen.

Wenn Sie sich wirklich eindringlich mit einer Lage in einer Stadt befasst haben und relativ sicher gehen können, dass es dort zu einem erheblichen Wertzuwachs kommen wird, dann mag dies ein relatives Pokern darstellen. Der Kreditgeber verschafft

Ihnen zu einem Startkapital, dass Sie strategisch nutzen. Ich empfehle Ihnen in diesem Fall für den Privatkredit *in fine* mindestens eine Laufzeit von 11 Jahren zu vereinbaren. Warum? Bei einer selbstgenutzten Immobilie reduziert sich zwar die sogenannte Spekulationsfrist. Aber Sie wollen sich die Freiheit lassen, eventuell nach einigen Jahren aus der zunächst selbstgenutzten Wohnung auszuziehen (Ortswechsel, Zeit im Ausland, Einzug bei Partner oder Partnerin etc.). Wenn Sie damit Ihren ersten Wohnsitz verlegen, werden Sie die gekaufte Wohnung höchstwahrscheinlich vermieten, Steuerlich gilt sie dann als Anlageobjekt und fällt unter die Zehn-Jahres-Frist der Spekulation (ab Kauf, bzw. Übergang der Nutzen und Lasten). Erst zehn Jahre nach Kauf ist der Zugewinn, der durch einen Verkauf erzielt wird, steuerfrei. Lassen Sie sich also ein weiteres Jahr „Luft", um einen potenziellen Verkauf in aller Ruhe vorzubereiten und herbeizuführen, sofern Sie das Geld für die Rückzahlung der Kreditschuld nicht anderweitig auftreiben können. Wenn Sie die Wohnung dann aber mit entsprechendem Mehrwert verkaufen können, zahlen Sie dem Kreditgeber das Kapital zurück, erstatten sich rückwirkend die geleisteten Zinszahlungen und verfügen über ein Restkapital, das sie anfangs nicht hatten. Mit diesem Eigenkapital können Sie nun weiter investieren und gegebenenfalls sehr viel leichter eine Bank von einem erneuten zu finanzierenden Kauf überzeugen.

Erst wenn Sie alle in diesem Kapitel angeführten Finanzierungsmöglichkeiten durch tatkräftiges Ausloten durchgespielt, wenn Sie aktiv daran gearbeitet haben, eine Finanzierung auf die Beine zu stellen, und sehen müssen, dass es nicht klappt – wegen nicht ausreichender Finanz-Ressourcen, wegen der fehlenden Garantien – erst dann sollten Sie sich geschlagen geben und anerkennen, dass Ihre gegenwärtige und womöglich mittelfristig absehbare Situation es Ihnen nicht erlaubt, ein Eigenheim zu kaufen. Genießen Sie dann Ihren Mieter-Status, der zweifelsohne, gerade in einem Land wie Deutschland, ja auch seine Vorzüge hat. Oder schauen Sie sich besonders intensiv das letzte Kapitel dieses Buches an, in dem es um Alternativen geht. Besonders um Alternativen, die mit kleinem und kleinstem finanziellen Einsatz dennoch machbar sind. Sehen Sie selbst!

04. Die 3 wichtigen W-Fragen

Begeben wir uns an die Arbeit und schauen wir uns das Herzstück unserer Überlegungen an. Wann immer Sie sich an die konkrete Suche einer Wohnung oder eines Hauses machen, sollten Sie sich die 3 wichtigen W-Fragen stellen:
- WAS suche ich?
- WO suche ich?
- WIE suche ich?

Diese Fragen, und besonders die Antworten darauf, lassen sich in der Praxis sehr schnell nicht mehr klar voneinander trennen. Umso essenzieller, vorab sich die Dinge so klar wie möglich vor Augen zu führen.

WAS?
Was suche ich eigentlich? Damit beginnt die Frage nach den Bedürfnissen und auch nach Ihrer Persönlichkeit. Zeig mir, wie du wohnst, ich sage dir, wer du bist, heißt es ja oft. In der Beantwortung dieser Frage nach dem Was sollten Sie sich Zeit lassen und vor allem doppelt vorgehen. Auf der einen Seite ist es wesentlich, dass Sie sich leiten lassen von Ihren ganz persönlichen, konkreten Bedürfnissen, die alle beim Wohnen zum Tragen kommen. Zum anderen sollten Sie von Anbeginn Alternativen mitdenken und berücksichtigen, welche Abstriche Sie machen könnten, welcher der Aspekte durch einen anderen aufzuwiegen wäre. Somit gehen Sie zunächst einmal vom Ist-Zustand aus. Warum auch zu schnell Einschränkungen hinnehmen, wenn die Grundanforderungen an die Wohnstätte noch gar nicht definiert sind?

Nachdem der Markt in Quadratmetern „denkt" und auch die Preise sich wesentlich nach dieser Einheit berechnen, sollte Ihr Augenmerk gleich zu Anfang diesem Kriterium gelten. Sie haben bestimmt immer wieder einmal die Erfahrung gemacht, wenn Sie zum ersten Mal das neue Zuhause von Freunden besucht oder im Urlaub eine Ferienwohnung gemietet haben, wie ganz anders Raum sich in Wirklichkeit verhält, anders als unsere Vorstellung davon. Konkret gesagt: Nicht die Menge der Quadratmeter ist ausschlaggebend, sondern der gute Schnitt des Grundrisses und auch das Raumvolumen.

Ist ein Grundriss nur gut durchdacht und liegen keine komplizierten Leitungsstränge für Zu- und Abwasser im Weg, die sich nicht verlegen lassen, so kann man auf vermeintlich wenig aber optimiertem Raum sehr komfortabel leben. Und jede Raumhöhe lässt sich besser ausnutzen, als man glaubt. Vergessen Sie nicht: Wenn die Wohnung Ihnen gehört, dann lohnen sich ganz andere Einbauten, die Sie nach und nach vornehmen können, um Bodenfläche frei zu machen. Mit ein bisschen handwerklichem Geschick wird Ihr neues Heim noch schöner als alle Orte, die Sie bisher bewohnt haben. Und wenn Sie sich von Hammer und Bohrer bisher fern gehalten haben, dann mag jetzt der richtige Zeitpunkt gekommen sein, den Horizont der Fähigkeiten zu erweitern. In den eigenen vier Wänden gibt es immer etwas zu „schrauben"!

>>> *aus der Praxis:* **Raumwunder in New York**

Vor Jahren war ich einmal eingeladen, bei neuen Bekannten in New York Unterschlupf zu finden. Man überließ mir das Büro, das sich im 1. Stock eines Buildings in Downtown Manhattan befand. Die Bodenfläche maß nicht mehr als 16 oder 17 m². Doch die Raumhöhe, wenn ich mich gut entsinne, betrug mindestens viereinhalb Meter. Die Fassadenfront war raumhoch schallschutzverglast, unten strömte der Verkehr und es blitzten die Lichter. Auf halber Höhe war eine Zwischenetage eingezogen, auf der eine Matratze auf mich wartete, und viel

Krimskrams, der hier gelagert wurde. Unten drunter befand sich in einem der Wandschränke eine komplette Küchenzeile. Die Wände waren gigantisch und voller Bücher und Gemälde. Ich stellte mir vor, wie ich dieses Raumwunder mit wenigen Mitteln umgestalten würde, um im zweiten Wandschrank ein komplettes Bad mit WC einzubauen, zur einen Seite die Duschkabine, zur anderen die Toilette, dazwischen das Waschbecken. Ich bin mir sicher, manch Single würde gerne, ganz wie ich, sofort seine vermeintlich notwendigen 40, 50 oder 60 m² aufgeben, um in dieses Raumvolumen einzuziehen!

Quadratmeter werden leider immer noch zu häufig als Statussymbol gewertet, als ein Indikator dafür, dass ich, wenn ich einen hohe Zahl aufrufen kann, potent dastehe vor meinem Gegenüber. Spannender und kreativer finde ich, daran zu arbeiten, wie es einem gelingt, aus wenig Startkapital Lebensqualität und Wohnkomfort zu zaubern. Darin liegt die Kunst!

Fragen Sie sich also, ob Sie die 50 - 60 m², oder die 80 - 90 m², auf denen Sie gegenwärtig leben, wirklich benötigen. Gehen da nicht schon 15 m² verloren für einen langen, schmalen Flur, der zum engen Badezimmer ganz am Ende der Wohnung führt? Nutzen Sie denn wirklich das andere Zimmer, das voll steht mit „Zeugs", das Sie im letzten Jahr nicht ein einziges Mal in der Hand hielten? Brauchen Sie tatsächlich ein Gästezimmer? Wann waren Ihre Eltern zum letzten Mal zu Besuch, wann Ihr bester Freund, wie lange ist es her, dass die gute Studienkollegin nicht mehr da war? Wäre es nicht wirtschaftlicher, diese paar Tage im Jahr den Besuch in einer Pension unterzubringen, oder in einem privaten Gästezimmer in der Stadt, selbst wenn Sie die Rechnung zahlen würden?

Sie sehen, wir sind bereits mitten im Thema.

Prioritätenliste
Schreiben Sie auf einen Schmierzettel spontan auf, was für Sie ganz wichtig ist beim Wohnen, und was völlig ausgeschlossen. Damit definieren Sie die Eckpunkte, innerhalb derer sich der Rest verhandeln lässt. Manche können sich ein Leben ohne Balkon nicht vorstellen, sie brauchen diesen Austritt ins Freie, egal, in welche Himmelsrichtung er zeigt, ganz gleichgültig, wie groß er ist. Andere schließen kategorisch das Wohnen im Erdgeschoss aus (ich zähle auch zu jenen!). Wenn Sie fertig sind, schauen Sie sich Ihre Aufzeichnungen kritisch an und überlegen Sie, welches „Tauschgeschäft" Sie bereit wären einzugehen. Vielleicht lässt sich auf den Balkon ja doch verzichten, wenn es ein großes Panoramafenster nach Südwesten gibt und dafür eine Essecke zwischen Küche und Wohnzimmer, womit Sie den Raum für eine Sofalandschaft gewinnen würden. Oder das Erdgeschoss ist in Wirklichkeit ein sehr hoch liegendes Hochparterre, fast wie ein 1. Stock, niemand hat so leicht Einblick von der Straße, und im Hof liegt, zugänglich über eine direkte Treppe von der Küche aus, ein Stück Privatgarten ...

Oder bleibt das alles doch nicht verhandelbar? Sie können sich ein Punktesystem ausdenken oder mit Farben ihre ganz eigenen Wohnhierarchien differenzieren. Und bei all dem: Genießen Sie es, denn dies hier ist bei Ihrem Immobilienvorhaben der Part mit dem größten potenziellen Lust-Faktor. Es macht einfach Spaß, sich mit diesen Fragen zu befassen, Pläne zu schmieden und zu wissen, dass man sich daran gemacht hat, etwas dieser Pläne umzusetzen in eine greifbare, bewohnbare Wirklichkeit.

Denken Sie an folgende Aspekte, die beim Wohnen ihre Wichtigkeit haben, und erkennen Sie die verschiedenen Prioritäten: Möchten Sie in einer Wohnung leben oder in einem Haus? Gesetzt den Fall, Sie könnten zum selben Preis etwas finden, welches wären die Vor- und Nachteile jeder dieser Wohnformen? Bei einer Wohnung begeben Sie sich teilweise in

Gemeinschaftseigentum, d.h. lediglich Teile gehören Ihnen im sogenannten Sondereigentum, andere Teile sind im gemeinsamen Besitz, so zum Beispiel das Grundstück. Der Vorteil ist, dass Sie sich nicht um die Verwaltung kümmern müssen, bei einer Zentralheizung auch nicht um die Wartung oder den Kauf von Heizöl oder sonstigen Brennstoffen. All das wird von der Hausverwaltung geregelt, die Sie natürlich anteilig dafür bezahlen. Fahren Sie in Urlaub oder müssen Sie beruflich länger weg, können sie die Wohnung leichter „allein" lassen. Auch die Fenster können bei Ihrer Abwesenheit gekippt bleiben. Was alles viel schwieriger und riskanter ist bei einem Haus. Zudem fällt dort meist auch Gartenarbeit an. Doch gerade ein Stückchen Grün kann wiederum ein Grund sein, sich für das Haus zu entscheiden. Und natürlich, das Hauptargument: Sie sind, innerhalb der gesetzlichen Vorgaben, alleiniger Entscheider. Sie brauchen nicht mit anderen darüber zu debattieren, was wie und wann durchgeführt werden muss, Instandsetzungen, Verbesserungen und so fort.

Vorsicht Gemeinschaftseigentum
Doch in den meisten Fällen werden Sie sich, nicht zuletzt bei der Vorgabe niedriger Kaufpreise und urbaner Lage, für eine Wohnung entscheiden und damit für den Eintritt in eine Eigentümergemeinschaft.

    Hierbei begehen viele Kaufinteressenten den Fehler, sich ausschließlich oder hauptsächlich mit „ihrer" Wohnung zu befassen, zu schauen, wohin Omas Sofa passt und welchen Ausblick es vom Küchenfenster gibt. Alles wichtig, gewiss. Doch wichtiger, viel wichtiger, ist es, sich das Haus, also das im Gemeinschaftseigentum stehende Gebäude anzusehen, und zwar gründlich. Denn hierin stecken die eigentlichen Risikofaktoren. Alles andere, das, was in Ihrer Wohnung geschehen soll und entstehen wird, oder auch nicht, also Einbauten, Umbauten, farbliche Veränderungen und so fort, können Sie mit sich alleine ausmachen. Aber die Hausangelegenheiten müssen Sie mit den Miteigentümern später verhandeln und finanziell gemeinsam tragen. Dabei gilt, und wir werden diesen Punkt noch eingehender betrachten, dass Sie auch dann etwas bezahlen müssen, wenn Sie bei einer Eigentümerversammlung dagegen, die Mehrheit aber dafür gestimmt hat! Schauen Sie sich also das gesamte Gebäude in den allgemein zugänglichen Bereichen so an, als würden Sie nicht nur Ihre zukünftige Wohnung, sondern das komplette Haus kaufen wollen. Mit diesem kritischen Blick werden Sie sich schulen und feststellen, dass die hässlichen Kratzer und Schleifspuren an den Wänden des Treppenhauses zwar als Erstes ins Auge fallen, weil es schmuddelig und vernachlässigt aussieht, aber letzten Endes nicht ins Gewicht fallen. Ein Malermeister kann mit derselben Farbe diese Spuren an einem Vormittag beseitigen, die Rechnung wird gering ausfallen, geteilt durch die Miteigentumsanteile (also den Prozentsatz, den jeder am Gemeinschaftseigentum entsprechend der Wohnfläche seiner Wohnung besitzt), sind dies verschwindende Summen. Andererseits werden Sie sehen, dass das, was meist nicht zu sehen ist, der größten Aufmerksamkeit bedarf. So sollten Sie sich immer dafür interessieren, wann die letzte größere Sanierung des Gemeinschaftseigentums durchgeführt wurde und welche konkreten Arbeiten dies beinhaltet hat. Sind zum Beispiel die Steigleitungen neu, also jene Rohre für Zu- und Abwasser und Heizung, wie auch die Stromkabel, die vom Keller bis unters Dach reichen und jede Wohnung versorgen? Wenn nicht, sind die Rohre vielleicht noch aus Blei oder anderweitig auszutauschen. Die Sanierung von Steigleitungen ist nicht nur in sich ein Kostenfaktor, es bedeutet auch Lärm und Dreck in Ihrer Wohnung. Denn für diese Arbeiten müssen sämtliche Decken und Böden um die Leitungen herum geöffnet werden. Wenn Sie dann schon in Ihrem neuen

Heim wohnen und sich vielleicht gerade den finanziell unvernünftigen Luxus einer neuen Küche oder eines neuen Bades geleistet haben, sieht es schlecht aus. Denn Steigleitungen verlaufen meist dort, wo Küche und/oder Bad liegen und dies bedeutet quasi automatisch, dass Fliesen an Wand und Boden in der Folge erneuert werden müssen.

Ich erwähne dies nicht, um Sie abzuschrecken, sondern lediglich, um Sie zu sensibilisieren für die Fragen, für die Sie eine gewisse Routine entwickeln sollten.

Mir hat es immer geholfen, einige ortsübliche Preise für Sanierungen in Erfahrung zu bringen. Erkundigen Sie sich bei Fachfirmen, bei befreundeten Wohnungseigentümern, bei der zuständigen Hausverwaltung oder auch beim Makler, der Ihnen eine Immobilie anbietet, wie viel die Sanierung des Dachs, der straßenseitigen und der hofseitigen Fassade kosten könnte, und wie viel, sofern es sich um eine Zentralheizung handelt, der Austausch eines Heizkessels oder einer kompletten Heizanlage kostet.

Ich sage mir dann immer: Gut, ich halte zum Beispiel 205/10.000 MEA (sprich 20,5/1.000stel oder 2,05 % der Miteigentumsanteile). Muss die Gemeinschaft 50.000,- € für eine Sanierungsmaßnahme ausgeben, so habe ich davon etwas mehr als 2 % zu tragen, also 1.000.- €. Bei der doppelten Summe, also 100.000,- € (womit sich eine Menge sanieren lässt!), wären es für meinen Anteil 2.000,- €.

Planen Sie eine solche Summe von vornherein mit in Ihr Budget ein! Sie werden zwar nur sehr selten sofort zur Kasse gebeten werden, solch einer Maßnahme geht ein Beschluss der Eigentümerversammlung voraus, oft mit gestaffelten Fristen fürs Ansparen jener Summen. Doch besser ist es, immer ein wenig Spielraum zur Verfügung zu haben. Parken Sie dieses Geld auf Ihrem Immobilienkonto.

Keller
Verlangen Sie immer, bei einer Besichtigung, auch bei der Erstbesichtigung, den Keller betreten zu können. Und am besten unterstreichen Sie dies auch schon bei der Vereinbarung des Termins. Viele Eigentümer oder Makler haben oft den passenden Schlüssel nicht dabei, können oder wollen manchmal auch nicht diese unterste Etage zeigen. Umso mehr sollten Sie sich dafür interessieren. Schließlich befinden sich hier die Fundamente des Hauses. Es ist nicht ganz so wichtig, dass Sie das der angebotenen Wohnung zugehörige Kellerabteil betreten können. Mehr Aufmerksamkeit gilt der Raumluft. Achten Sie darauf, wenn Sie die Treppe zum Keller hinuntersteigen, ob es feucht, klamm, modrig riecht, ob es Sie fröstelt. Sie merken daran zunächst einmal sensorisch, ob ein Keller „gesund" ist oder nicht. In manchen Städten liegt das Grundwasser ziemlich nah an der Erdoberfläche. Das bedeutet, das Kellergeschoss wurde unter die Grundwassermarke oder haarscharf daran gelegt. Dadurch besteht immer eine Grundfeuchtigkeit. Ein eher positiv zu wertendes Detail hierbei ist, wenn die gemauerten Wände in den Kellern und Gängen nicht verputzt sind, sondern frei liegen. Somit kann das Mauerwerk atmen. Dies mag vielleicht nicht so sauber aussehen, ist aber gesünder fürs Haus – und für die Dinge, die Sie später in Ihrem Keller einlagern möchten. Halten Sie Ausschau nach Setzrissen. In vielen Objekten werden hierzu Gipsproben über vorhandene Risse gelegt und dann mit dem Datum versehen. Daran lässt sich ablesen, ob sich ein Gebäude „bewegt", und wie viel.

Sehen Sie sich die Rohrleitungen an, in welchem Zustand sie sich befinden, ob sie wärmegedämmt (also mit Schaumstoffen ummantelt) sind. Gibt es einen Heizungskeller, so ist der üblicherweise verschlossen. Verlangen Sie nach den Unterlagen über die letzte Wartung und das Alter der Anlage. Haben Sie Zweifel oder keine nennenswerten Rücklagen, so bestehen Sie spätestens bei der zweiten Besichtigung auf den Zugang zum Heizungskeller. Sie werden auch bemerken, ob sich in den Gängen Unrat befindet, ob die Nachbarn Sperrmüll stehen lassen, ob der Boden gefegt ist. Ganz allgemein gilt beim Keller, was man über Toiletten in Restaurants sagt: Am Keller eines Wohnhauses lässt sich der Zustand der gesamten Anlage ablesen, und gleichermaßen die Effizienz einer Hausverwaltung, die Seriosität einer Eigentümergemeinschaft und die Gepflegtheit der Mieter.

Verhältnis von Eigennutzern und Mietern
Hier komme ich auf einen andern Punkt zu sprechen, den Sie beachten sollten. Verlangen Sie Auskunft darüber, wie sich das Verhältnis von Eigennutzern und Mietern im Haus darstellt. Also wie viele andere Parteien Eigentümer ihrer Wohnung sind und selbst darin wohnen, und wie viele der Wohnungen vermietet sind.

Ich gehe für meinen Teil immer davon aus, dass im täglichen Miteinander dies später keine Bedeutung haben sollte und sehe die anderen als meine Nachbarn, mit denen ich ein gutes Auskommen suche. Manchmal sind aus der Zufallsgemeinschaft sogar Freundschaften entstanden. Doch für Sie als Kaufinteressent sollte diese Frage doch ihre Bedeutung haben. Denn daran lässt sich meist ablesen, wie gut geführt ein Haus ist und wie sich die anderen Parteien bei zukünftigen Ausgaben tendenziell verhalten werden. Allgemein lässt sich leider sehr oft feststellen, dass Häuser, in denen die Mehrheit der Wohnungen vermietet sind, weniger gut in Schuss sind als jene, in denen ein Gleichgewicht herrscht oder gar die meisten Einheiten von Eigennutzern bewohnt werden. Das mag zum einen mit der eingangs angeführten hierarchischen Sicht von oben und unten oder von Augenhöhe zu Augenhöhe zu tun haben, und mit der anders gearteten Verantwortung für Eigentum, je nachdem, ob es meines ist oder das anderer. Aber auch damit, dass ein Eigentümer, der seine Wohnung vermietet, ja nicht selbst, im Täglichen, von seiner Investition profitiert, sondern diese Investition meist lediglich tätigt, um den Mietzins zu rechtfertigen und die Grundsubstanz des Eigentums zu wahren. Der Mehraufwand für eine weniger hässliche Wandfarbe im Treppenhaus, für die gepflegten Blumenrabatten im Hof oder der sperrmüllfreie Kellergang kann ihm relativ egal sein, würde aber sein Geld kosten, das er jedoch durch den meist ohnehin ausgeschöpften Quadratmeterpreis im Bezug zum Mietspiegel nicht refinanziert bekommt. Das heißt, bei reinen Renditeobjekten lässt der gesetzliche Rahmen einem Vermieter meist keinen Spielraum für die Erhöhung der Miete, um einen ästhetischen Mehrwert zu finanzieren. Überwiegt in einem Haus der Mieteranteil und das Gemeinschaftseigentum befindet sich in einem gepflegten Zustand, deutet dies prinzipiell darauf hin, dass das Haus gut bewohnt und geführt ist, dass sowohl die Hausverwaltung als auch die Eigentümer darum bemüht sind, nicht nur ein angenehmes Wohnumfeld zu gewährleisten und respektvoll handelnde Mieter ins Haus zu holen, sondern auch die Substanz des Gebäudes stets im Augenmerk zu haben.

Noch einmal: Ich kann nicht genug unterstreichen, wie bedeutsam es ist, dem Gemeinschaftseigentum von Anfang an große Aufmerksamkeit zu schenken, und wie folgenschwer es sein kann, wenn man dies vernachlässigt. Der WEG, der Wohnungseigentümergemeinschaft, widmen wir im Teil 2 des Buches noch ein eigenes Kapitel!

Zurück zu Ihrer Traumwohnung, die ja Realität werden soll. Ich verweise in diesem Zusammenhang von Wunsch und Wirklichkeit gern auf die alten Perser. Es heißt, vor anstehenden Schlachten haben die Krieger sich zusammengefunden am Abend, getrunken und große Pläne geschmiedet, wie sie den

Gegner würden bezwingen können. Sie ließen ihre Tiraden protokollieren. Am nächsten Morgen, nach dem Ausschlafen ihres Rausches, fanden sie sich zusammen und betrachteten mit kühlem Kopf ihren Schlachtplan, um ihn dann realistisch und nüchtern anzupassen. In unseren kulturellen Parametern könnte man auch sagen, dass somit die dionysischen und apollinischen Komponenten ein Gleichgewicht finden konnten. Dazu dient Ihre Prioritätenliste, also der Schmierzettel, der ja eine Art Wunschzettel für Ihr neues Heim sein soll. Die sogenannten Abstriche sind dann Form und Ordnung, das Rationale. Wenn Sie sich aber nicht zuerst in den Rausch begeben, laufen Sie das Risiko, in einem trostlosen Nutzbau zu enden, und zwar sang- und klanglos!

Den Blick schärfen
Immer wieder geht es darum, Ihren Blick zu schärfen für die Potenziale, dort, wo andere sie nicht erkennen. Oftmals auch nicht Verkäufer und Makler. Erst neulich recherchierte ich auf einigen Internetportalen zu Wohnungen in meiner Stadt. Dort wurden Dach-Lofts zu horrenden Preisen angeboten. Meine eigene Wohnung unter dem Dach wurde aber als eine ganz „normale" Wohnung angeboten – übrigens in einem Haus, in dem ich der einzige Eigennutzer bin. Ich habe bereits durch das Exposé das Potenzial an Lage und Raumvolumen erkannt (unter anderem steht der Spitzboden oberhalb der Wohnung leer, der Giebel liegt frei, also bestünde, irgendwann einmal, die Möglichkeit, die Fläche hinzuzukaufen und den Giebel mit einer Glaswand zu öffnen). Mit wenigen Griffen an dekorativen Elementen (die farbliche Gestaltung von einigen Wänden und Stützen) konnte ich den ohnehin gut durchdachten Grundriss visuell unterstreichen. Die Helligkeit durch sieben Dachfenster über einer Fläche von lediglich 44 m² öffnet die Wohnung zum Licht und lässt sie wesentlich größer wirken, Panoramablick aufs

Stadtzentrum inklusive. Wollte man das viel gebrauchte und missbrauchte Wort „Loft" nun auch hier bemühen, so ließe sich sagen, dass es sich hierbei um eine Dachgeschosswohnung mit Loftcharakter handelt. Sie sehen, wie so oft genügt es, dem Kind den richtigen Namen oder der Wohnung den trendigen Anstrich zu geben. Wenn Sie kühner sind als die anderen, können Sie dieses Potenzial ausschöpfen und sich zu einem wesentlich geringeren Kaufpreis ein Wohnumfeld schaffen, für das andere, die weniger darauf achten, viel mehr Geld ausgeben.

>>> *Praxis-Tipp:* **Prioritätenliste – konkrete Beispiele**

Diese Auflistung soll Ihnen helfen, Ihre Prioritätenliste zusammenzustellen und auf jene Dinge zu achten, die es wert sind, bedacht zu werden, und zwar im Vorfeld eines Kaufs. Oftmals wird uns erst klar, was uns fehlt, wenn es zu spät ist.

- Grundriss: Gibt es besondere Anforderungen an den Schnitt und die Raumaufteilung? Wie viele Zimmer benötigen Sie? Brauchen Sie viel Stellfläche? Kann die Küche offen sein, oder soll sie lieber separat liegen?
- Ausrichtung: Brauchen Sie Licht? Dann ist eine Doppelausrichtung sinnvoll, davon eine nach Südwest, besonders wenn Sie außer Haus arbeiten. So haben Sie die Sonne nach Feierabend sicher. Nordlicht ist konstant und ideal für Kreativberufler. Deshalb wurden Künstlerateliers meist nach Norden ausgerichtet.
- Altbau oder Neubau? Vorsicht: Gebäude der 1960er Jahre und später zählen mittlerweile, zumindest was ihr Wartungsaufkommen betrifft, nicht wirklich zur Kategorie Neubau!
- Lage im Haus: Sind Sie eher der Erdgeschoss-Typ oder der Dachgeschoss-Mensch? Oder bevorzugen Sie eine Etagenwohnung irgendwo mittendrin? Und dann lieber im 1.OG oder

besser im 4.OG? Sind Sie bereit, für die Vorzüge einer Lage ihre Nachteile in Kauf zu nehmen? Im EG leben Sie potenziell barrierefrei, sparen sich die Treppen, haben eventuell ein Gärtchen oder eine Terrasse im Hof und nehmen zur anderen Seite am Straßenleben teil, wohnen in tendenziell höheren Räumen. Aber Sie haben mit der Geräuschkulisse oder gar dem Lärm zu tun, der durch die Nähe zum Hauseingang entsteht, durch die Nutzung der Mülltonnen und Fahrradstellplätze im Hof, Sie müssen den Straßenlärm ertragen.

Und Erdgeschosse sind einbruchsgefährdeter, jeder kann in Ihre Wohnräume schauen, Sie sitzen auf dem Präsentierteller.

Das DG bietet am meisten Licht, oftmals eine spannende, teils sogar spektakuläre Aussicht, niemand kann Ihnen auf dem Kopf herumtanzen, je nach Zustand der Isolierung kann es aber im Winter kalt und im Sommer heiß werden, sie müssen Treppen steigen, wenn kein Aufzug vorhanden ist (oder, wenn es einmal zum Votum für einen Aufzug kommt, eventuell am meisten dafür bezahlen, da viele WEGs nachträglich eingebaute Aufzüge über einen Verteilerschlüssel nach Geschosslage finanzieren und unterhalten).

Eine Etagenwohnung bietet den Vorteil, z.B. beim 1.OG, straßennah aber doch nicht ebenerdig zu wohnen. Nachbarn zu allen Seiten heizen Ihre Wohnung mit. Was aber auch bedeutet, dass zu allen Seiten potenzielle Lärmquellen sitzen. Achten Sie bei einer Besichtigung auf Außenwände und Innenwände zu Nachbarwohnungen. Eine Außenwand, die zur anderen Seite mit einem weiteren Wohnhaus komplett bebaut ist, ist in den meisten Fällen dick genug, um gegen Geräusche zu isolieren. Bei Wänden, die die Wohnung mit Nachbarn im selben Haus teilt, sollten Sie sich einen Überblick verschaffen, was sich auf der anderen Seite befindet. Viele Teilungserklärungen beinhalten Aufrisse und Grundrisse des gesamten Gebäudes. Ansonsten bitten Sie Makler oder Verkäufer um einen Etagengrundriss und

versuchen Sie einzuschätzen, ob der Plan auch weiterhin aktuell ist. Wenn im Haus hauptsächlich Mieter wohnen, können Sie davon ausgehen, dass sich am Grundriss wahrscheinlich nichts geändert hat. Lebt aber nebenan ein Eigennutzer, der seine Wohnung kernsaniert hat, so mag es durchaus sein, dass die Nutzung und die Verteilung der Räume eine ganz andere geworden ist. Wichtig ist, dass Ihr Schlafzimmer sich am weitesten von allen Lärmquellen befindet. Ein solcher Ort zum Schlafen, der sich beispielsweise im DG am Ende der Wohnung zur Außenwand zum Nachbarhaus hin befindet und sich die Trennwand mit Ihrem eigenen Bad teilt, hat potenziell nur die darunterliegende Wohnung als Geräuschquelle. Liegt der Schlafraum allerdings gleich am Eingang der Wohnung, im 2. OG, zur Straße hin, so kumulieren Sie hier die Lärmeinflüsse vom Treppenhaus, von der Nachbarwohnung seitlich, jener darüber, jener darunter und von der Straße.
-Bad: Eher Wanne oder doch lieber Dusche? Oder beides? In einem kleinen Bad eine Wanne durch eine Dusche zu ersetzen bedeutet auch, Platz zu schaffen für eine Waschmaschine und einen Trockner, oder aber einen Einbauschrank für Wäsche.

Vergessen Sie bei all diesen Punkten hier nicht, dass Sie kaufen wollen. Wenn Sie eine renovierungsbedürftige Wohnung kaufen, lassen sich viele Ihrer Anforderungen bei der Sanierung gleich mit berücksichtigen! Die Kriterien sind also beim Zustand „renoviert" und bei der Angabe „renovierungsbedürftig" ganz andere! Und halten Sie sich nicht mit Kleinigkeiten wie Bodenbelag oder Farbe der Kacheln auf. Wenn Ihr Budget es erlaubt, dann können Sie das Ihrem Geschmack gemäß ändern. Wenn Ihre Mittel hierfür zu knapp sind, dann müssen Sie ohnehin Vorlieb nehmen mit dem, was Sie vorfinden. Wenn die anderen Parameter stimmen, dann sollten Sie immer zugreifen und die ideale Wohnung nicht wegen der paar Quadratmeter pinkfarbener Kacheln verschmähen! Für einen Übergang lässt sich mit wenig Aufwand etwas improvisieren, und nach und nach gestalten Sie Ihr Zuhause dann um, mit einem klaren Plan, was sich wie, wo und wann in Verschönerungs- und Aufwertungsmaßnahmen zu investieren lohnt.

Natürlich wird, wenn Sie über geringes Kapital und begrenzte Finanzierungsmöglichkeiten verfügen, der Kaufpreis den Rahmen vorgeben. Wenn Sie sich also durch Ihre Wunsch- bzw. Prioritätenliste gearbeitet haben, wenn Sie die verhandelbaren Charakteristika Ihrer neuen Wohnstätte klar hervorgehoben haben, dann schauen Sie, ob dies alles oder zu Teilen innerhalb Ihres Preisrahmens machbar ist, und zwar dort, wo Sie leben, wo Sie leben möchten oder wo Sie leben müssen. Viele sind durch ihren Arbeitsplatz und durch partnerschaftliche oder familiäre Umstände an einen konkreten Ort gebunden. Andere aber sind es nicht, gerade die Freiberufler, die zwar ein Netzwerk brauchen, und Austausch, auch jenseits der virtuellen Welten, die aber auch leichter andere Optionen hinsichtlich der Stadt oder Region in Betracht ziehen können, wo sie sich niederlassen.

Mehrwert durch Ortsveränderungen
Aus eigener Erfahrung kann ich sagen, dass mir die substanziellen Sprünge zu einem höherwertigen Wohnumfeld nur durch radikale Ortsveränderungen gelungen sind. Also durch den Verkauf in einer dichten, überteuerten und überbewerteten Stadt hin zum Kauf in einer weniger dichten, günstigeren und unterbewerteten Stadt, aber mit enormem Wachstumspotenzial. Den Preis, den ich an meinem angestammten Ort also nie hätte zahlen können, habe ich mit der Entwurzelung und meiner geografischen und kulturellen Flexibilität bezahlt. Das bedeutete Umbrüche und Anpassungen. Aber ich habe immer das Verlockende, Konstruktive darin gesehen, und die Lust am neuen Umfeld, am Renovieren und Einrichten einer neuen Wohnung.

Als freiberuflicher Single leichter umzusetzen. Und eben eine Chance, keine Verdammung.

Bevor Sie sich mit diesen Belangen im Detail befassen, sind Sie womöglich der Meinung, dass Sie sich in Ihrer Stadt nichts werden leisten können. Das mag sein. Aber prüfen Sie es konkret. Denn solange Sie sich anhand einer eindringlichen Recherche nicht davon überzeugen konnten, richtig zu liegen, gilt das Gegenteil. Immer wieder erlebe ich, wenn ich Freunde in anderen Städten besuche, dass sie mir, wenn ich nach dem durchschnittlichen Quadratmeterpreis frage, oder danach, „was man denn für eine Wohnung hier so bezahlen muss", abstruse Zahlen nennen. Und meist sind diese Preise dann im höherwertigen Sektor angesiedelt, weil man innerhalb eines gewissen soziokulturellen Umfeldes selbstredend davon ausgeht, dass es auch eine sozioökonomische Übereinstimmung gibt mit dem Blick, den man auf ein Wohnumfeld wirft, und mit den Prioritäten, die man fürs eigene Wohnen setzt. Weit gefehlt, oftmals! Viele können sich nicht vorstellen, in gewissen Stadtteilen zu wohnen, ganz einfach, weil sie sie nicht kennen, oder weil sie sich leiten lassen von der medialen Berichterstattung.

Als ich nach langen Jahren im Ausland nach Deutschland zurückkam und in Berlin eine Wohnung zur Miete suchte, wurde ich im bislang so verrufenen Wedding fündig. Ich habe mich dort recht wohl gefühlt, genoss die Vorzüge der Weitläufigkeit, der Grünflächen. Meine Pariser Freunde, die zu Besuch kamen, dachten, ich sei in einem gutbürgerlichen Quartier heimisch geworden. Im Vergleich zu Pariser Verhältnissen wohnt es sich in den meisten deutschen Großstädten immer noch paradiesisch und auf einem sehr hohen Niveau – zu einem Bruchteil der Kosten an der Seine. Die Nörgler und Jammerer täten gut daran, über den Tellerrand hinaus zu schauen!

Später zog ich ins umstrittene Gegenstück im südlichen Teil der

Hauptstadt, nach Neukölln, denn nur in den damals noch günstigen Bezirken konnte ich mir etwas leisten, gerade so. Seither hat sich vieles gewandelt und durch die jahrelange Unterbewertung und die verstärkte Nachfrage, besonders in der Nähe des ehemaligen Tempelhofer Flughafens, hat diese Nachbarschaft dann zeitweise sogar die höchsten Wertzuwächse in ganz Deutschland verzeichnet.

Hierzu etwas später mehr!

Wiederverkaufspotenzial
Ein anderer wichtiger Aspekt, den Sie beachten sollten und der anders als beim Mieten bei einem Kauf sehr relevant ist, heißt Wiederverkauf. Dies bedeutet das Potenzial der Immobilie, leicht und schnell wieder verkauft werden zu können. Zu oft bedenken gerade Erstkäufer nicht gut genug, was sie kaufen oder wo sie kaufen. Und Sie sehen: schon sind wir bei der Verquickung der W-Fragen. Es nutzt Ihnen nämlich nur begrenzt etwas, wenn Sie Ihre Traumwohnung gefunden haben, diese sich aber inmitten eines Wirrwarrs an Dienstleistungsflächen, Verkehrsinseln und Autobahnzubringern befindet. Wenn Sie sich daran nicht stören, gut! Aber Ihre möglichen Nachfolger werden es mit großer Wahrscheinlichkeit. Kaufen Sie also nicht den Ladenhüter und denken Sie bei aller Individualität Ihrer Suche immer den größtmöglichen gemeinsamen Faktor mit. Und auch, dass Sie, selbst wenn Sie sich eine Bleibe „für immer" suchen, Änderungen in Ihrem Leben durchlaufen werden und irgendwann einmal auch wieder von dannen ziehen wollen. Eine Immobilie ist dann kein Klotz am Bein, wenn die Lage stimmt. Dasselbe gilt natürlich auch für den möglichen Ausbau oder Umbau Ihres Heims.

Der Spitzboden über meiner Wohnung, von dem ich weiter oben berichtet habe, wäre solch eine etwas brenzlige Angelegenheit. Natürlich würde das vielen anderen auch gefallen können, eine Art Maisonette mit Schlafboden, vielleicht auch mit einem kleinen Dachbalkon zum Hof. Das Problem wäre also nicht so sehr die Nutzungsmöglichkeit durch potenzielle Nachfolger, sondern eher, ob sich die Investition hinsichtlich des Marktwertes und des Wiederverkaufspotenzials rechnen würde. Denn ich weiß bereits heute, dass es in meinem Haus nie einen Aufzug geben wird, dafür ist der Hof zu klein und die baurechtlich notwendigen Abstandsflächen zum Nachbargrundstück nicht gegeben. Zudem gehe ich nicht davon aus, dass sich das Verhältnis Eigennutzer/Mieter wesentlich ändern wird. Es ist also eher unwahrscheinlich, dass die andern Miteigentümer, also Investoren/Vermieter, in einen teuren Aufzug investieren würden, wenn die Mietpreise nicht substanziell anzupassen wären. Also, ökonomisch betrachtet ist die Idee eines Dachausbaus aktuell und tendenziell eher ein Risiko.

Sie sehen: Es hat schon seine Relevanz, dass Sie sich ein wenig mit den Mechanismen des Marktes vertraut machen. Vieles hängt von vielem ab. Es ist komplex, aber doch recht rasch zu begreifen. Und mit den Beispielen hier möchte ich Ihnen immer wieder Konkretes an die Hand geben, damit Sie sich in der „Gymnastik" des Immobilienblicks üben.

WO?

Wir erleben heute, dass wunderbare Häuser in ländlichen Gegenden leer stehen und ihnen langsam der Verfall droht. Der Drang zurück in die Städte und die Flucht vor dem Landleben ist eine Pendelbewegung (die Landleben-Mode betrifft eher Zweitwohnsitze). Wer vor dreißig, vierzig Jahren seine gesamte Kraft in die Finanzierung eines Eigenheims auf der grünen Wiese gesteckt hat, sieht sich mitunter nun vor einem Bankrott. Der Triumph des Automobils schaffte räumliche Unabhängigkeit. Doch die wegbrechenden Infrastrukturen in vielen ländlichen

Gegenden werden auch durch den eigenen Wagen nicht wett gemacht.

Sie kennen bestimmt die Anwort auf die Frage, was bei Immobilien denn die drei wichtigsten Faktoren sind? <u>Lage, Lage, Lage!</u> Wenn Ihnen diese Dreifaltigkeit nicht einleuchten sollte, dann lassen Sie uns einen kurzen Ausflug in den Gewerbebereich machen. Sie haben sicherlich schon viele Geschäfte eröffnen sehen, in Ihrer Nachbarschaft oder in einem Viertel, das Sie immer mal wieder besuchen. Und dann sind diese Geschäfte plötzlich verschwunden, nicht aber die anderen, direkt in der Straße daneben. Woran das liegt? Oft eben an der Lage. Es genügt, dass ein Ladengeschäft wortwörtlich um die Ecke liegt, gar im selben Gebäude, und schon funktioniert es nicht mehr. Die Laufkundschaft bleibt weg, weil die Ströme der Stadt die andere Arterie entlang jagen.

Ähnliches gilt für den Wohnungsmarkt, wenn auch in abgemilderter Form, denn zum einen besteht mehr Bedarf an Wohnungen, wir sind also zahlreiche Nachfrager und bereit, fürs Wohnen längere Wege zu gehen als fürs Shoppen, zum anderen können gerade Faktoren wie Ruhe und die Nähe zu Grünflächen beim Wohnumfeld auf die Wertigkeit der Lage eher positiv wirken.

Wer also „Lage, Lage, Lage!" sagt, denkt mehr an den reinen Marktwert, an das Wertsteigerungspotenzial und damit den Wiederverkaufswert denn an den direkten, sofortigen Nutzen einer Immobilie als Wohnsitz.

Noch einmal: Wenn Sie als Eigennutzer eine Wohnung kaufen, wenn Sie dabei wichtige Kriterien bedenken und anwenden und damit das Risiko niedrig halten, und wenn Sie anstatt eines vergleichbaren Aufwands für einen Mietzins eine Ratenzahlung tätigen, heißt das, dass Sie sparen, obwohl Sie sich das Sparen im Grunde nicht erlauben können. Sie substituieren. Sie schaffen auf

Dauer ein Vermögen, dass Sie vorher nicht hatten. Selbst wenn Ihre Immobilie weniger wert sein sollte – sagen wir nach 10 oder 15 Jahren – als zum Zeitpunkt des Kaufes, so haben Sie durch die Tilgung Schulden abbezahlt, also Kapital aufgebaut, das durch einen Marktwert konvertierbar ist in Bares.

<u>Kauf oder Miete. Rechenexempel</u>
Zur Verdeutlichung einige vereinfachte Rechenexempel.

Stellen Sie sich vor, Sie zahlen 500,- € Kaltmiete. So sind das 6.000,- € im Jahr, 60.000,- € in 10 Jahren. Nun lassen Sie die Mietwohnung hinter sich und kaufen sich für 60.000,- € eine Wohnung, finanziert zu 100 %. Sie müssen also, was lediglich das Kapital anbelangt, 10 Jahre eine Summe zurückzahlen, die zuvor Ihrer Kaltmiete entsprach. Dazu kommen natürlich die Zinsen, weshalb die Rechnung reell nicht ganz 1:1 funktioniert. Denn wenn Sie weiterhin nur 500,- € monatlich aufbringen können, muss diese Summe ja sowohl Tilgung als auch Zins decken. Entsprechend verlängert sich die Dauer der Rückzahlung bis Sie wieder schuldenfrei sind. Bei einem Darlehenszins von 2,5 % entspricht dies in etwa einer Laufzeit von elfeinhalb Jahren, bei 3,5 % wäre es knapp ein Jahr mehr. Lassen wir die Inflation beiseite. Wenn nun nach elfeinhalb oder zwölfeinhalb Jahren Ihre Wohnung auf dem Markt nur noch einen Wert von 40.000,- € haben sollte, wo ist Ihr Verlust? Wenn Sie weiter darin wohnen bleiben, gibt es keinen Verlust, sondern Sie gewinnen plötzlich 500,- € in Ihrem Monatsbudget hinzu, denn der Kredit ist abbezahlt. Es bleibt Ihnen lediglich das Hausgeld zu zahlen. Wir haben bereits gesehen, dass dies für einen Eigentümer etwas höher liegt als für einen Mieter, aber unwesentlich in Hinblick auf dieses Rechenexempel.

Wenn Sie nun verkaufen wollen oder müssen, so sehen Sie sich einem Vermögen von 40.000,- € gegenüber, das Sie zuvor nicht besaßen! Welcher Mieter, der über elfeinhalb oder zwölfeinhalb Jahre 500 € Kaltmiete zu zahlen hat, kann sich bei gleichbleibendem Einkommen zusätzlich ein Kapital von 40.000 € ansparen?

Nun verhält es sich aber meist so, dass mindestens der Wert erhalten bleibt, natürlich auch unter der Prämisse, dass Sie anfangs nicht zu einem überteuerten Preis gekauft haben! Besonders wenn Sie die Lage clever wählen, stehen die Aussichten gut, dass Ihre Immobilie einen Wertzuwachs erfährt. Dies ist dann der sogenannte Zugewinn. Hierüber entstehen die eigentlichen „Quantensprünge".

Stellen Sie sich nun vor, der Wert hat sich während der Kreditlaufzeit verdoppelt. Nicht nur haben Sie genau die Summe in Eigentum konvertiert, die Sie ohnehin für die Miete hätten ausgeben müssen, Sie haben zudem die Verdoppelung dieses Ausgangskapitals realisiert. Es lässt sich also sagen, dass das Kapital, das Sie ja erst ansparen, indem Sie Ihre Schulden abbezahlen, sich zeitgleich verdoppelt oder vervielfacht. Hierfür gibt es natürlich keine Garantie, niemand kann den Markt vorhersagen, niemand weiß, was nationale und internationale Politik und die politisch-wirtschaftliche Gesamtwetterlage sein werden. Und mein Beispiel ist willentlich vereinfacht, um Ihnen den simplen Mechanismus darzustellen, der hier greift. Es berücksichtigt nicht die Ausnahmezustände jeglicher Art, die in jedem Leben auftreten können. Aber auch als Mieter muss man ihnen dann entgegentreten, oft ohne Finanzpolster.

Anbetracht der flagranten Logik dieses Rechenmechanismus kann ich immer noch nicht verstehen, wieso viele, die ohne Schwierigkeiten einen Kredit bekommen könnten, so leichtfertig Geld liegen lassen und sich vor allem in marktgetriebenen Gesellschaften wie den unsrigen nicht absichern gegen genau diese Mechanismen. Man muss deshalb das Profitmachen nicht gleich zum eigenen Lebensinhalt erklären, noch diese Marktmechanismen gutheißen. Aber sie als Realität zu erkennen und anzuerkennen sollte dann, finde ich, zum Handeln führen. Dieses Handeln muss nicht bedeuten, dass man sich wirklich Eigentum schafft. Ich respektiere, wenn sich jemand dagegen ausspricht. Nur finde ich es dann auch wichtig, dass sich diejenigen in der Wohnraumdebatte und bei der bereits angesprochenen Schwarzweißmentalität im Umkehrschluss mit derselben Stringenz der Nörgelei, des Neidertums und der politisch naiven und dadurch gefährlichen Hetze enthalten! Die meisten Militanten, denen ich begegnet bin, waren nur militant, so lange ihr eigener Komfort, auch und gerade der Denkkomfort, nicht zur Option stand.

Meine Militanz, so hoffe ich, wird in diesem Buch klar. Sie gilt der Emanzipation von Denkschemata und der Befähigung eines jeden, einen wesentlichen Part des Lebens selbstbestimmt zu gestalten und sich verantwortungsvoll eine gewisse Unabhängigkeit zu sichern, nicht nur finanziell.

>>> *ein wenig Geschichte:* Warum die Deutschen so gerne Mieter sind

Deutschland hat unter vergleichbaren Ländern eine der niedrigsten Raten an Eigenheimbesitzern. Etwas mehr als 40 % nach den letzten verfügbaren Erhebungen der OECD (in Irland und Spanien liegt die Rate bei mehr als dem Doppelten). Tendenziell, und dies gilt für ganz Europa, gibt es mehr Eigenheimbesitzer auf dem Land als in der Stadt. Weshalb es in Zeiten der massiven Verstädterung und der Aufwertung der Innenstädte mir umso wichtiger scheint, dass sich so viele Menschen wie möglich gegen die Spirale der Mietpreissteigerungen und der Verdrängung absichern – durch die

Schaffung von Wohneigentum!

Wie so vieles in Deutschland geht diese niedrige Rate zurück auf die beiden verlorenen Weltkriege. Doch bereits die späte aber rasante Industrialisierung im 19. Jahrhundert legte die Grundlagen: die schnelle und massive Antwort auf den Bedarf an Wohnraum in den großen Städten entstanden, die Mietskasernen.

Immer wieder: die unsichere politische Lage, Geldentwertung während der Inflation, und schließlich die Folgen der Kriegsverbrechen: durch Bomben zerstörter Wohnraum, eine kaputte Infrastruktur, hohe Arbeitslosigkeit. Dazu viele Phasen der Enteignung und Vertreibung. Dies verlangsamte in Deutschland das Anschaffen und Weitergeben von Immobilieneigentum durch die Generationen hindurch, so wie es im Westen und Süden Europas bis heute wesentlich stärker zu Buche schlägt.

Im Westteil der Besatzungszonen, und nach 1949 in der neu gegründeten Bundesrepublik, wurde früh eine breit angelegte Wohnbaupolitik der öffentlichen Hand eingeleitet. Dies schaffte Arbeit und neuen Wohnraum. Zum Nutzen breiter Bevölkerungsteile. Dank einer Kombination aus direkten staatlichen Beihilfen und Steuererleichterungen für Bauträger boomte die Bauwirtschaft, bereits etwas mehr als 10 Jahre nach Kriegsende war die Wohnungsnot im Westen halbiert. Es gab wenig Anreize für Privatleute, Wohneigentum zu kaufen, zumal die Banken hohe Anforderungen an Eigenkapital stellten, aber nur wenige Menschen darüber verfügten. Aber auch andere europäische Länder hatten mit Wohnungsnot zu tun, nicht zuletzt auch durch die von Deutschland zugefügten Kriegsschäden. Doch war das angestrebte und besser umgesetzte Gleichgewicht in Westdeutschland höher, um öffentliche und private Investitionen zu begünstigen. Will heißen: die freie Marktwirtschaft sollte und konnte sich auch im Wohnungssektor entfalten, wurde aber gleichzeitig staatlich reguliert und kontrolliert. Das deutsche

System begünstigte auch mehr die Qualität der Bauten, im Vergleich zu Nachbarländern, wo sich die Schere schneller bemerkbar machte: öffentliches Bauen = billiges Bauen für die Armen, privates Bauen = hochwertigeres Bauen für die Mittelschicht. Anders gesagt: Der hohe Wohnstandard, der auch und gerade in deutschen Mietwohnungen zu haben ist, motiviert weniger zum Kauf einer Immobilie. Man meint, man hat schon alles.

Auch liegen die Mieten in Deutschland, im internationalen Vergleich und hinsichtlich ihrer meist überdurchschnittlichen baulichen Qualität, relativ niedrig. Was wiederum mit der starken staatlichen Regulierung des Mietmarktes zu tun hat. Die politische Kraft der Interessenvertreter von Mietern führte auch zu einem hohen Mieterschutz, der weltweit zu den ausgeprägtesten zählen dürfte.

Ein anderer Grund für die niedrigen Eigenheimraten liegt wohl auch im größeren Vertrauen hierzulande in das staatliche Rentensystem. Doch Vorsicht ist geboten, da die Realitäten sich schneller wandeln als die Mentalitäten. Ich möchte behaupten: Besser ein vergleichsweise gut funktionierendes Rentensystem UND eine private Absicherung durch Immobilienbesitz, als nur eine der beiden Zutaten! Gleichzeitig wird die Steigerung der Eigenheimrate gehemmt durch eine konservativere, restriktivere Kreditvergabepolitik deutscher Banken. Und auch das Steuerrecht trägt zur fehlenden Motivation bei. Im Gegensatz zu den Ländern mit hohem Eigetümeranteil ist es im deutschen Steuersystem nicht möglich, Kreditzinen einer Immobilienfinanzierung für den Hauptwohnsitz steuerlich abzusetzen – für eine Anlagenimmobilie, die eine Mieteinnahme generiert, aber schon. Es wird in diesem Punkt also der Anleger, nicht der Selbstnutzer subventioniert. Für einen Wohnungsnutzer macht sich somit steuerlich der Unterschied zwischen Miete und Kauf weniger bemerkbar als in anderen Ländern.

Zudem, oder zum Teil wohl auch deswegen, war der Wertzuwachs bei deutschen Immobilien, historisch gesehen, relativ niedriger und langsamer als andernorts. Mit der Globalisierung hat sich aber auch der Immobilienmarkt verändert, was am Beispiel Berlin sehr gut abzulesen ist. Wer sich dort längerfristig das erschwingliche Wohnen sichern wollte, hat gut daran getan, vor Jahren zu kaufen, als es für vergleichbare Wohnungen in den damals unterbewerteten Bezirken noch günstiger war, anstatt eines Mietzinses einen Kreditzins zu bezahlen. Mit den extremen Wertzuwächsen in kurzer Zeit und dennoch explodierten Mieten in Teilbereichen der Stadt, hat sich das Verhältnis umgekehrt. „Explodiert" sind die meisten Mieten jedoch nur, weil ihre Ausgangswerte derart niedrig lagen und dem maroden Zustand der Bausubstanz entsprachen.

Die Entwicklung in der DDR war systemkonform auf öffentlichen Wohnungsbau ausgerichtet. Die rapiden Entwicklungen nach 1989 und die Privatisierung des Wohnraums mit sprunghafter Multiplikation der Mietpreise führten für die meisten Ostdeutschen ohnehin zu einer radikalen Neujustierung. In der Zwischenzeit konnten Westdeutsche und internationale Anleger im großen Stil ostdeutsche Immobilien aufkaufen – und damit natürlich auch vor dem unwiderruflichen Verfall retten. Dies hat dazu geführt, dass die Rate der Eigenheimbesitzer in den neuen Bundesländern weit unter dem Bundesdurchschnitt liegt. In gewisser Weise haben sich im Nachwende-Osten jene Mechanismen, die der Westen in den späten 1940er und 1950er Jahren gekannt hat, wiederholt.

Das Institut der deutschen Wirtschaft hat ermittelt, dass es beim Immobilienbesitz in Deutschland eine Verbindung gibt mit der Einkommenssituation. Die Eigentümerrate liegt bei überdurchschnittlich Verdienenden und bei Familien höher als bei weniger gut Verdienenden und Singles oder Paaren!

Genau diese Bestandsaufnahme verdeutlicht mein Anliegen,

auch jene von den Vorteilen des Immobilieneigentums zu überzeugen, die nicht dem klassischen Eigentümerprofil der Mittelschichtsfamilie entsprechen. Wohneigentum ist kein Privileg weniger. Wohneigentum ist die Folge selbstbestimmten Handelns.

Bei der Wohnungssuche an den verschiedenen Etappen meines Lebens fiel mir immer wieder auf, dass bei den niedrigpreisigen und kleinflächigen Immobilien, für die ich mich interessierte, die Makler oder Eigentümer selbstredend davon ausgingen, ich würde als Investor kaufen. Sie hielten es alle nicht für möglich, dass jene Wohnungen von einem Selbstnutzer bewohnt würden. Das Modell, klein anzufangen und sich auch als Eigentümer mit sozial weniger repräsentativen Wohnungen zufrieden zu geben, war und ist noch wenig ausgeprägt!

„Von nichts kommt nichts", hätte meine Großmutter gesagt. Oder aber: „Kleinvieh macht auch Mist." Also: schaffen Sie sich eine Grundlage und bilden Sie sich somit ein erstes, nach und nach vielleicht ausbaubares **Mikroeigentum**.

WIE?

Stellen Sie sich Folgendes vor: Sie spazieren durch Ihr Lieblingsviertel und entdecken plötzlich ein Gebäude, das Ihnen auf den ersten Blick gefällt. Hier, denken Sie, hier könnte es Ihnen gefallen. Das Haus steht frei, als Monolith, Luft zirkuliert, die seitliche Fassade ist berankt von Efeu und anderen Kletterpflanzen, die sich bis zur Straßenfassade zwischen die Fenster hinziehen. Sie bemerken das Haus, jetzt, da Sie entschieden sind, sich eine Wohnung zu leisten, und weil das Haus so schön ins Auge sticht. Gewiss, aber bedenken Sie: Hier besteht das Gemeinschaftseigentum aus vier Fassaden, nicht nur aus zwei! Muss die Seitenwand repariert werden, weil der Efeu in die Fugen dringt und das Mauerwerk angreift, entstehen hierfür Kosten, danach liegt die Wand brach und der Charme ist dahin.

Es müssen vier Fassaden gedämmt werden – und neu gestrichen. Genauso verhält es sich mit der wunderbaren Stuckfassade mit all den Erkern und Säulen, den Kapitellen und Skulpturen. Ja, alles sehr schön und ansehnlich. Aber bedenken Sie: Wenn Sie einmal in diesem Haus wohnen, sehen Sie nichts von der schönen Fassade. Besser, im schlichten Haus gegenüber fündig zu werden. Sie haben die Pracht dann stets vor Augen, gleichzeitig aber viel geringere Instandhaltungskosten!

Suchradius festlegen
Haben Sie sich ein ganz bestimmtes Viertel ausgesucht, machen Sie dort immer wieder Spaziergänge. Jede Stadt hat ihre eigene Dynamik. Oft hat sich für mich der spätere Vormittag als gute Zeit herausgestellt, um auf Nachbarn oder Hauswarte zu treffen, die man um Auskunft bitten kann, ob sie von einer Wohnung wissen, die zum Verkauf steht. Oder eben wochentags am Abend, doch dann eher, um zu klingeln, sofern Sie sich so forsch heranwagen. Vergessen Sie nicht: Je nach Nachbarschaft mögen es viele Hausbewohner nicht, wenn jemand nach Immobilien sucht. In vielen Städten, besonders in Ballungsgebieten mit Wohnungsknappheit und Gentrifizierung, reagieren einige Menschen allergisch auf Kaufinteressenten, wenn sie selbst Mieter sind.

Bestandsimmobilie oder Bauträgerimmobilie
Es lässt sich auch von außen nicht ablesen, ob ein Haus einem einzigen Besitzer gehört (Privatperson oder Firma) und deshalb keine Chance besteht, dass eine einzige Einheit verkauft würde. Denn dazu müsste es erst zur sogenannten Teilung kommen, also zur Aufteilung des Hauses in Miteigentumsanteile und für jede Wohnung zur Zuweisung eines eigenen Grundbuchblatts. Manchmal kann man Glück haben, gerade dann in Kontakt mit einem Eigentümer zu treten, da er im Begriff ist, eine solche

Aufteilung vorzunehmen.

Ich habe stets versucht, mich von Häusern fernzuhalten, in denen ein solcher Umbruch bevorsteht. Genauso wie vom Kauf in einem Haus neben einer Baulücke (Was wird kommen? Wie wirken sich die Vibrationen aufs Fundament und die Wände des Nebenhauses aus?). Und ebenso wenig ratsam, besonders für Erstkäufer, ist der Kauf vom Bauträger, wenn sich das Gebäude und die einzelnen Wohnungen noch in der Kernsanierung befinden (oder im Neubau). Hier kauft man leicht die Katze im Sack. Sie haben dann wenig Parameter – außer der unmittelbaren Nachbarschaft in der Straße –, die bereits feststehen. Zum einen kommt es, Verträge und Baubeschreibungen hin oder her, oft zu einer mehr oder minder ausgeprägten Diskrepanz zwischen dem, was versprochen wird und angedacht war, und dem, was im Ergebnis dann tatsächlich umgesetzt vor Ihnen steht. Sie sollten schon ein gutes Raumempfinden und Vorstellungsvermögen haben, um sich die fertigen Wohnungen vors innere Auge zu rufen. Doch viel wichtiger: Sie wissen nicht, wer Ihre Nachbarn werden. Und Sie wissen nicht, wer Ihre Miteigentümer werden. Was, wie wir ja bereits gesehen haben, nicht deckungsgleich sein muss. In einem Haus, in dem lediglich eine Wohnung zum Verkauf steht, können Sie nicht nur direkt an den Nachbartüren klingeln, um Ihre möglichen neuen Mitbewohner ein wenig kennenzulernen, Sie können sich anhand des Zustands des Treppenhauses und des Kellers einen Eindruck verschaffen, wie die gegenwärtigen Bewohner mit den Gemeinschaftsflächen umgehen. Sie können anhand des Klingel-Tableaus ablesen, ob sich in den Wohnungen über, unter und neben Ihrem zukünftigen Zuhause eine Firma befindet, oder eine Arztpraxis, eine Kanzlei. Dann heißt das nämlich ein reges Kommen und Gehen von Besuchern und eine entsprechende Geräuschkulisse im Treppenhaus oder über Ihrem Kopf.

Sie haben aber auch Gelegenheit, die Hausunterlagen eingehend zu prüfen. Daran lässt sich vieles ablesen. Wir kommen im Kapitel über die WEG im Einzelnen darauf zurück. Bei erst noch entstehenden Hausgemeinschaften fallen diese wesentlichen Bewertungsgrundlagen weg. Das Risiko ist also um einiges höher!
Gleich hier im Anschluss möchte ich mit Ihnen zwei unterschiedliche Erfahrungen teilen, die ich bei der Suche und beim Finden von eigenen Immobilien gemacht habe. Ganz wichtig ist es, hier zu unterscheiden, ob man an einem vertrauten Ort, also in der eigenen Stadt oder Region, sucht, oder ob man sich einen neuen Standort gewählt hat und sich die Besonderheiten dort erst noch erarbeiten muss.

>>> *aus der Praxis:* In der eigenen Stadt suchen

Als ich bereits einige Jahre zur Miete im Berliner Bezirk Wedding gelebt hatte, war die Zeit reif für einen Immobilienkauf. Allerdings erlaubte mir mein bescheidenes Kapital, das ich dank zweier Privatkredite von Freunden zusammenstellen konnte, nicht, eine Fläche zu erwerben fürs Wohnen und Arbeiten am selben Ort. So war meine Überlegung folgende: Entweder eine zentral gelegene und renovierte Ein-Zimmer-Wohnung zum Wohnen kaufen und parallel die Arbeitsstätte anmieten, oder aber die größtmögliche Fläche für einen Arbeitsort, egal in welchem Zustand, erwerben, und die Wohnung anmieten. Ich begann, mich regelmäßig auf den drei großen deutschen Online-Plattformen für Immobilien umzusehen:
Welche dies sind, finden Sie ganz schnell selbst heraus. Kombinieren Sie jeweils die Begriffe „immobilien" und „scout", „net" oder „welt",
Dies verschaffte mir einen Überblick über die aktuelle Preislage und das Angebot (Anzahl und Qualität) der verfügbaren

Wohnungen. Natürlich lag mein Augenmerk auf freistehenden Objekten, da ich weder Zeit, Energie noch finanzielle Mittel hatte, auf den Auszug eines Mieters zu warten. Dementsprechend reduziert fiel das Angebot aus. Ich legte auf allen drei Immobilienportalen Suchaufträge an, um die neuesten Angebote per Email zu erhalten. Meist bekommt man dann doppelt Informationen zugesandt, oder auch die Ladenhüter des vorletzten Monats. Macht nichts: Lieber zu viel als zu wenig Info! Und es hat sich immer wieder bestätigt: Es gibt unterschiedliche Angebote auf den verfügbaren Plattformen. Also verlassen Sie sich nicht nur auf einen einzigen Verteiler!

Nachdem ich lange zu keiner Entscheidung finden konnte, welches Modell denn nun das bessere für mich sei, sprach ich mit anderen darüber. Eine Kollegin aus der Kreativbranche, die meine professionelle Lage gut einzuschätzen wusste, stellte mir die einfache aber entscheidende Frage: „Für welchen Ort hast du das größere Volumen umzuziehen, Wohnung oder Arbeitsstätte?" Ganz klar: Meine Kisten voller Arbeitsutensilien und das gesamte Lager umfassten gut zwei Drittel, der Hausstand nur ein Drittel meiner mobilen Gegenstände. Somit war entschieden, dass ich dem Arbeiten den Vorrang geben und nach der größtmöglichen Fläche suchen würde, die mein Budget erlaubte. Der Vorteil dabei: Die Ausübung meiner freiberuflichen Tätigkeit konnte ich auch in einer Wohnung in einem reinen für Wohnzwecke bestimmten Haus ausüben, mit der klassischen Anzeigepflicht an den Verwalter. Aber wenn kein Publikumsverkehr und keine Lärmbelästigung mit der Tätigkeit verbunden sind, können sich Miteigentümer und Verwalter nicht dagegen stellen. Denn meine weitere Überlegung war: Lieber eine unrenovierte Wohnung kaufen, keine Gewerbeeinheit. Zum einen liegen diese Einheiten in einer Stadt wie Berlin meistens im Erdgeschoss (und bergen damit ein höheres Einbruchsrisiko, bringen höhere Heizkosten mit sich und gewähren weniger Ruhe und Intimität), zum anderen bleibt eine Wohnfläche immer eine Wohnfläche und hat damit den stabilieren Markt und die höheren Aussichten auf Wertzuwachs und ein größeres Wiederverkaufspotenzial. Die Entwicklung Berlins und Neuköllns sollte mir nur wenige Jahre später recht geben!

Ich wusste also durch meine intensive Online-Suche, welche Flächen mir mein Budget erlaubte und konnte somit alle neu eingehenden Angebote sofort einordnen. Lag das Hausgeld sehr hoch, war schnell klar, dass die WEG in einem schlechten Zustand sein musste, dass Rechtsstreitigkeiten im Gange waren oder aus anderen Gründen hohe Rücklagen gebildet werden mussten. War der Kaufpreis sehr niedrig, stellte sich fast immer heraus, dass dies nur ein Ködern der Anbieter war, denn es handelte sich dann quasi ausschließlich um den Mindestgebotspreis von Zwangsversteigerungen. Ein völlig anderes Kapitel! Allerdings bin ich zu einigen Versteigerungen im Amtsgericht gegangen, um das Prinzip besser zu verstehen. Ich verstand vor allem auch, dass die Zuschlagspreise (also die reellen Verkaufspreise, nachdem das Bietverfahen sich hochgeschaukelt hatte) selten interessanter lagen als die Preise von Wohnungen im freihändigen, ganz „normalen" Verkauf! Die Problematiken, die eine Zwangsversteigerung mit sich bringen kann – insbesondere die Tatsache, dass viele der angebotenen Wohnungen vermietet und im Vorfeld zudem nicht zu besichtigen sind –, nimmt man nur dann gerne auf sich, wenn sich dies im entsprechend niedrigeren Preis wiederspiegelt.

Wollen Sie allerdings an einem Ort kaufen, an dem die Nachfrage nach Wohnraum relativ gering ist, werden sich auch die Gutachten bei Zwangsversteigerungen auf entsprechend niedrigem Niveau halten (da diesem Mindestbietpreis ein Gutachten zugrunde liegt, das auch den Standortfaktor berücksichtigt) und weniger Interessenten werden mitbieten und die Preise nach oben schaukeln. Es kann sich also lohnen, je nach

Lage diese Thematik gesondert zu betrachten.

Ich hatte mich auf drei Berliner Bezirke festgelegt, ganz einfach deswegen, weil sie zu jenem Zeitpunkt die drei günstigsten Innenstadtbezirke waren und auch mit öffentlichen Verkehrsmitteln relativ gut erschlossen sind: Wedding, Moabit, Neukölln.

Für jeden der drei Bezirke gab es positive Gründe. Im Wedding lebte ich bereits, hier kannte ich viele Mikrolagen und konnte schnell einordnen, ob eine Adresse etwas taugte oder nicht. Moabit seines meist einfachen aber attraktiven Altbaubestands, der Nähe zum Hauptbahnhof und zum Tiergarten wegen. Neukölln wegen der zukünftig strategischen Lage zum Flughafen Berlin-Brandenburg (Direktanschluss über die Ringbahn, ohne den Umweg über die Innenstadt) und wegen des gerade geschlossenen Innenstadtflughafens Tempelhof. Egal, was auf dieser Fläche geschehen würde (Park oder Bebauung), dies würde immer eine wertsteigernde Auswirkung auf den umliegenden Wohnungsbestand haben. Und so war es dann später auch!

Ich nahm mir einen Stadtplan (Faltplan, um alles AUF EINMAL überschauen zu können!) und überlegte strategisch. Das bedeutet in einer Stadt, und umso mehr in einer Großstadt, eben verkehrsstrategisch. Besonders attraktiv schien mir die Gegend im direkten Anschluss ans Tempelhofer Feld, das damals per Volksentscheid bereits kein Flughafen mehr war, aber auch noch nicht für die Berliner Bevölkerung zugänglich. Ich machte eine Radtour mit einem New Yorker Freund, der immer gerne neue Seiten von Berlin entdeckte. Wir spielten gemütlich Tischtennis in einer kleinen Grünanlage und ich erinnere mich, wie ich zu den schönen Hausgiebeln aufblickte und meinte: „Hier würde es mir gefallen, Hier könnte ich leben – oder arbeiten!"

Eine Woche später erreichte mich der Newsletter eines Immobilienportals mit der Anzeige, die mir den nötigen Adrenalinkick versetzte: Hier wurde zwei Straßen von der

Grünfläche – und der Tischtennisplatte – entfernt eine 2-Zimmer-Wohnung angeboten, direkt am Tempelhofer Feld, die laut Makler eine Komplett-Sanierung erforderte. Die Fotos sahen schlimm aus, aber der Preis lag wesentlich unterhalb meines Maximalbudgets! Tags darauf besichtigte ich. Ich fragte mich dauernd, wo denn der Haken liegen könnte bei diesem Angebot. Ich war schon eine Stunde vor dem Termin in der Nachbarschaft, die ich mir bei dieser Gelegenheit genauer anschaute. Das Haus stand teils unter einem Baugerüst, am Dachstuhl wurde etwas repariert, die Haustür stand deswegen offen. Ich ging ins Haus, lief hoch bis zur angegebenen Etage. Alles war in bestem Zustand, zumindest augenscheinlich. Ich hatte zuvor einige andere Häuser besichtigt, keines davon befand sich nur annähernd in solch guter Verfassung. Ich konnte den Termin also kaum abwarten. Als sich dann endlich die Wohnungstür vor mir öffnete, reichte mein Blick einen tiefen Flur entlang, ich spürte das ungemein vielversprechende Raumvolumen. Bereits im Eingangsbereich sagte ich: „Ja, ich kaufe! Unter Vorbehalt der weiteren Besichtigung." Es gab keinen Zweifel, selbst wenn sich die Prüfung der Hausunterlagen weniger erfreulich gestalten sollte, hier konnte ich nichts falsch machen!

Es bedurfte einer gewissen Vorstellungsgabe, um das Potenzial der Räume zu erfassen. Abgehängte Decken waren teils entfernt worden, Stromkabel hingen in großen Bündeln lose an Decken und Wänden, die Böden waren beklebt mit Filz, an den Wänden schichteten sich bis zu drei, vier Lagen Tapete, die massiven Eichentüren waren bedeckt von angenagelten Resopalplatten … Doch sowohl die Fenster als auch die Sanitäreinrichtungen und die Heiztherme waren in ausreichend gutem Zustand und verlangten weder nach einer Überarbeitung noch nach einem Austausch. Der Kaufpreis war aber entsprechend gering, weil der Makler Kostenvoranschläge von Unternehmen vorlegte, die eine Grundsanierung für Wohnzwecke nach neuesten Ansprüchen vorsah, also dieselbe Summe wie für den Kaufpreis. Damit ergab sich im Endeffekt ein Gesamtaufwand in Höhe des seinerzeit ortsüblichen Preises für eine sanierte Wohnung. Somit kaufte ich die unrenovierte Fläche zur Hälfte des damaligen durchschnittlichen Quadratmeterpreises, musste in der Folge aber nur wenig investieren, um die Wohnung als helle, freundliche und sichere Arbeitsstätte nutzen zu können. Ich überarbeitete alle Decken und Wände mit einem neuen, glatten Überputz, die Holzdielen wurden von allen Schichten Teppichboden befreit, danach einheitlich farblich überlackiert, die gesamte Elektroinstallation neu gemacht und der Wasseranschluss der Küche derart verlegt, dass ich eine kleine Teeküche gestalten und Freifläche für einen Lagerraum gewinnen konnte. Somit war die Einheit für meine sofortigen Bedürfnisse ausreichend saniert, wobei die ausgeführten Arbeiten auch im Hinblick auf eine spätere Nutzung als Wohnung durchdacht waren. Die Gastherme wurde erst sechs Jahre später ausgetauscht, aber auch nur, weil sie dann knapp 30 Jahre alt war und vom Heizungstechniker und örtlichen Schornsteinfeger nicht mehr abgenommen wurde.

Die anfängliche Angst also, dass an diesem Angebot etwas „faul" sein könnte, verflog nach Prüfung der Immobilie, also des Sondereigentums, des Gemeinschaftseigentums und der dazugehörigen Unterlagen, die eine stringente und seriöse Verwaltung der über 50 Wohnungen klar offenlegte. Fürchten Sie sich demnach nicht vor dem guten Griff, vor der guten Gelegenheit. Wenn Sie nah dran sind am Markt und die Zusammenhänge verstehen – was Ihnen die Lektüre dieses Ratgebers ermöglichen sollte –, dann können Sie unter Umständen besser und schneller einschätzen als der Verkäufer, dass Sie es hier mit einer besonderen Perle zu tun haben! Nichts wäre ärgerlicher, als diese zu verpassen, aus Unwissenheit und Angst!

Für den Preis eines Mittelklasse-Neuwagens konnte ich also eine

Fläche von knapp 65 m² in einer der künftig angesagtesten Lagen der Hauptstadt kaufen, inklusive Südbalkon mit Markise und trockenem Keller. Das Miteigentum betrug etwa 2 %, das Hausgeld war sehr realistisch veranschlagt. Im Wirtschaftsplan entdeckte ich allerdings den sehr hohen Wasserverbrauch meiner Vorgänger. Beim ersten Gespräch mit dem Verwalter bat ich darum, diesen Betrag herunterzustufen, da ich ja lediglich eine professionelle Nutzung der Einheit beabsichtigte. Die damit gewonnene Summe entsprach ziemlich genau dem monatlichen Mehrbetrag für die erhöhte Rücklagenbildung, die bei der Jahreseigentümerversammlung kurz darauf beschlossen wurde. Somit änderte sich in meiner Planung de facto nichts an der ursprünglich angesetzten Höhe des Hausgeldes. Allerdings erlaubte die erhöhte Rücklage schneller eine Ersparnis anzuhäufen, mit der die Eigentümergemeinschaft den auf fünf Jahre angesetzten Instandhaltungsplan finanzieren konnte. Während all der folgenden Jahre musste ich nie mehr als das laufende Hausgeld zahlen, keine Nachzahlungen, keine Sonderumlagen. Die sechsstelligen Beträge, die die WEG in Instandhaltung und Sanierungen hat fließen lassen, speisten sich zu 100 % aus der monatlich angesparten Rücklagenzuführung.

Dank der Gasetagenheizung und des Wasserzählers für das Kaltwasser war der gesamte Energieverbrauch einzig und allein durch meine eigene Nutzung kontrollierbar. Alles in allem hat sich diese Immobilie als ideal erwiesen, alle Parameter stimmten. Gut, es gab kaum ein Lokal, das Lust machte zum Essengehen. Aber dieses Kriterium galt nicht lange! Die Entwicklung der Nachbarschaft, über deren Wahl manche Freunde anfangs lächelten, in der zum Zeitpunkt meines Einzugs außer einem provinziell anmutenden Friseurladen und einem Spätkauf kein Gewerbe angesiedelt war und wo die Straße hin zum Tempelhofer Feld in einer Sackgasse mit Maschendraht endete, hat meine ursprüngliche Analyse bestätigt und sogar weit übertroffen. Heute reihen sich dort italienische und französische, persische und sudanesische Restaurants an Eisdielen und Bars, an Plattenläden, Buchhandlungen, Vintage-Boutiquen und Galerieflächen. Als ich den Kiez zum ersten Mal näher unter die Lupe nahm, standen viele Ergeschossflächen leer. Die Bebauung: einheitlicher Altbaubestand, frühes 20. Jahrhundert. Die Fassaden: teils noch in ihrer alten Opulenz erhalten. Grünflächen und Alleenstraßen durchziehen bis heute das Viertel, das eine neue Dynamik erfahren hat. Der Baubestand also war vorhanden, die Infrastruktur des Einzelhandels musste sich nur ansiedeln. Die großen Verkehrsachsen erschließen das Viertel mit U-Bahn, S-Bahn, Bus und Autobahn. Auch fußläufig und mit dem Fahrrad lassen sich andere Innenstadtbezirke leicht erreichen. Der gewachsene Volkspark Hasenheide mit seinen ehrwürdigen Bäumen bietet Abwechsung zur Freifläche des Tempelhofer Feldes, das heute die größte unbebaute und unbebaubare Freifläche/Grünfläche aller europäischer Kapitalen ist.

Potenzial erkennen bedeutet oft, das Vorhandene anders zu deuten und vor allem positiv zu deuten. Schwieriger ist es, sich komplett neue Gegebenheiten vorzustellen. Deshalb empfehle ich Ihnen, sich immer an gewachsenen Strukturen zu orientieren und sich nicht in die auferstehenden Brachen zu verlieren.

Besonders bezeichnend für die Natur des Immobilienmarktes in unserem gegenwärtigen Wirtschaftssystem fand ich den einige Jahre darauf folgenden Volksentscheid über die geplante Teilbebauung des Tempelhofer Feldes. Die Pläne waren anfangs reichhaltig. Es sollte die IGA, die Internationale Gartenausstellung hier angesiedelt werden, ein Mediencampus und die Zentrale Landesbibliothek sollten entstehen, ein Naturschutzgebiet, ein Kletterfelsen, Schlittschuhteichs – und der tollen Streiche mehr. Die nördliche und vor allem die östliche

Randbebauung sollten in die Freifläche hinein verlängert werden durch die Errichtung von Mehrfamilienhäusern und so genannten Town Houses. Die Befürchtung einiger Anrainer war, dass es durch dieses exklusive Großbauvorhaben zu einem Anstieg der Bodenpreise, damit der Immobilienpreise und letztlich der Mietpreise kommen würde. Die Motivation der Organisatoren des Volksentscheids war also, den Status Quo der Preise zu garantieren. Der Volksentscheid wurde sehr deutlich entschieden, und zwar gegen das Vorhaben der öffentlichen Hand und gegen jedwede Bebauung. Die unmittelbare Auswirkung dieses Signals war aber genau jene, die der Entscheid zu verhindern angetreten war: Es kam nochmals zu einem Anstieg der Quadratmeterpreise. Warum? Weil mit dem Votum nun klar geworden war, dass diese riesige Freifläche quasi im Herzen der Hauptstadt, in einer Größe, die ziemlich genau der des New Yorker Central Parks entspricht, nun diese Grünfläche bleiben würde – und damit noch attraktiver wurde. Durch den Wegfall der geplanten Neubauwohnungen allerdings lenkte sich die erhöhte und kontinuierlich anwachsende Nachfrage nach Wohnungen auf den direkt angrenzenden Bestand. Erhöhte Nachfrage, gleichbleibendes Angebot = steigende Preise!

Für mich noch einmal die Bestätigung, dass man, wenn man sich einmal die Mittel zum Immobilienkauf zu geben versucht, dies nicht primär deshalb tut oder tun muss, um der Gewinner einer solchen Gesetzmäßigkeit zu sein. Aber man tut gut daran sich zu schützen, um nicht der Verlierer zu sein!

Wenn eine Nachbarschaft sich extrem entwickelt, wenn sie sich hochschaukelt und gentrifiziert, so ist der Wegzug, ist man denn Eigentümer der bewohnten Immobilie, nicht die Konsequenz unbezahlbarer Mieten, man ist also kein Opfer der ökonomischen Vertreibung. Dann ist es vielmehr die eigene, freie Entscheidung, auch und gerade, wenn man sich dort nicht mehr wohl fühlt. Man verlässt den Ort, aber eben mit einem Zugewinn. Anders gesagt: Die atmosphärische Vertreibung wird kompensiert durch den monetären Gegenwert.

>>> *aus der Praxis:* In einer fremden Stadt suchen

Anders verhielt sich die Suche nach der passenden Immobilie, als ich Jahre nach dem Kauf in Berlin aus der Stadt weg wollte und nach Alternativen Ausschau hielt. Zunächst dachte ich, mit einem finanzierten und neu zur Verfügung stehenden Kapital, wieder in Höhe des Preises für einen durchschnittlichen Neuwagen, eine Wohnung lediglich zur Anlage zu kaufen. Dabei fiel meine Wahl sofort auf Leipzig. Warum Leipzig? Ich kannte die Stadt nur von einem mehrtägigen Besuch drei Jahre zuvor, und von meinem allerersten Tagesbesuch in den frühen 2000er Jahren. Damals schon empfing ich die Energie dieser Stadt und ihrer Menschen als eine echte Energie, keine aufgesetzte. Es schwangen Stolz und Zuversicht mit, nicht der andernorts so oft spürbare Wille nach Wollen.
 Bei einer Wohnung zur Anlage ist es jedoch sinnvoll, selbst vor Ort zu leben, am besten in der Nachbarschaft. Das macht die Verwaltung leichter und spart Kosten. Treten Probleme auf, muss man womöglich einen neuen Mieter finden oder Reparaturen durchführen, und so kann man sich selbst darum kümmern und muss nicht andere dafür bezahlen. Für mein verfügbares Kapital war in Berlin allerdings bereits nichts mehr zu finden. Leipzig schien da eine interessante Lage, gut eine Zugstunde entfernt. Ich begann demnach, mich online für den dortigen Wohnungsmarkt zu interessieren und mir wieder einen Überblick zu verschaffen. Ich fragte mich: Welche Stadtteile sind preislich die attraktivsten, welche haben Entwicklungspotenzial, wie sieht es aus mit der Infrastruktur, was sagt der Mietspiegel, wie wird Leipzig als Standort in der Presse, in inländischen und

internationalen Studien und in den sozialen Medien bewertet?

Ich vereinbarte die ersten Besichtigungstermine in zentrumsnahen Lagen der beiden Himmelsrichtungen mit Entwicklungspotenzial, Leipzig West und Leipzig Ost. Als ich am Hauptbahnhof ankam, kaufte ich mir als erste Investition für die Zukunft zunächst einen Stadtplan aus Papier. Solch ein Utensil ist sehr zu empfehlen. Denn nur damit verschaffen Sie sich, wenn Sie den Plan komplett ausgefaltet studieren, einen Gesamtüberblick! Kein GPS und keine Online-Karte wird Ihnen diesen Durchblick erlauben!

Der erste Termin war fußläufig vom Bahnhof aus zu erreichen, unweit der sagenumwobenen Eisenbahnstraße. Dieses ehemalige Arbeiterviertel, in dem auch viele Eisenbahner lebten, besticht durch die Einheitlichkeit seiner Architektur und durch eine geradlinige Straßenführung, teils über Kilometer. Viel Leerstand, viele unsanierte Häuser, aber in einer kompakten Bebauung, die überwiegend gut erhalten und gepflegt ist. Nachdem ich unbelastet schauen konnte und noch nichts von den lokalen Befindlichkeiten wusste, war es natürlich leichter, das enorme Potenzial dieser Gegend gleich zu begreifen. In vielen Städten steht die Bahnhofsgegend in Verruf, bündelt sie doch zentrumsnah oftmals Menschen, die die vermeintliche Mehrheitsgesellschaft auch geografisch gerne am Rande wissen würde. Es ist jedoch oft eines der dynamischsten Stadtgebiete. Ich musste in der Folge leider oft hören, wie gefährlich die Eisenbahnstraße sei, dass man dort erschossen würde, dass die Leute dort … „na ja, Sie wissen schon, was ich meine." Offene Segregation im Alltäglichen. Es hatte auf mich aber die gegenteilige Wirkung: Es machte den Bezirk umso interessanter. Eine erneute Lehre: Ja, es ist wichtig, den Ortskundigen zuzuhören, aber es ist genauso wichtig, deren Einschätzungen und Befindlichkeiten zu übersetzen in eigene Parameter. Für jemanden, der weit gereist ist, der in Städten wie Paris und

London gelebt hat, ist eine Lage wie die Leipziger Eisenbahnstraße so harmlos und überschaubar wie ein Kindergarten. Wer aber nie jenseits des Tellerrands gelebt hat, für den wird ein solcher Ort zur Bündelung seiner unausgegorenen Projektionen. Und das kann sich dann, potenziert auf eine ganze Stadtbevölkerung, auch auf den Immobilienmarkt auswirken.

Was mir beim Durchstreifen der kleineren Seitenstraßen auffiel: bis zum Horizont lediglich Wohnhäuser. Einzig an manchen Straßenkreuzungen einige Ladengeschäfte, meist leerstehend. Aber kein großes Angebot an Erdgeschossflächen. Reine Wohnstraßen. Wenn ein Viertel sich wandelt und eine Dynamik entwickeln soll, dann entweder durch die Belebung von Leerstand, oder durch Vertreibung und Übernahme; insbesondere der Ergeschossflächen. Denn Stadt passiert zunächst auf der Straße und von der Straße weg hinein in die umbauten Räume. Die beinahe komplette Gewerbetätigkeit konzentriert sich in der Eisenbahnstraße selbst, wo sich Laden an Laden reiht. Die Architektur der Seitenstraßen aber geben eine Entwicklung auf Straßenhöhe nicht her. In einem solchen Fall ist es wichtig, die Mikrolage besser zu verstehen: nah genug dran an der Hauptgeschäftsstraße, damit der Gang zum Einkauf kein Vorhaben wird, sondern im Vorbeigehen geschehen kann, weit genug entfernt, um sich den Beeinträchtigungen von Lärm und Luftverschmutzung, so gut es geht, zu entziehen.

Nochmals: Ortskundige zu befragen ist ein wichtiger Baustein der Suche, wenn einem die Stadt noch wenig vertraut ist. Ich habe bereits vor meiner Anreise in sozialen Medien mit Leipzigern ausgetauscht. Aus Interesse für die Lebensformen, um mit der Stadt auch Gesichter zu verbinden, sie lebendig zu machen. Viele haben mir wertvolle Tipps und Einschätzungen gegeben. So erfuhr ich über den Wandel der Stadt, die Entwicklung mancher Nachbarschaft, bekam ein Gespür dafür, dass ein anderer Stadtteil, der hinter den Bahngleisen ans Zentrum anschließt, sich in der Wahrnehmung der Stadtbewohner viel, viel weiter „draußen" anfühlt als mancher Szenekiez, der in gelaufenen oder gefahrenen Kilometern tatsächlich viel weiter weg liegt.

Im Umkehrschluss, als ich später ein recht gutes Empfinden für die Stadt erlangt hatte, konnte ich einem der neuen Freunde sogar eine Wohnung vermitteln, die er anderweitig nicht gefunden hätte. Also: keine falsche Scheu. Sie beuten niemanden aus, wenn Sie Informationen „abfragen". Es ist ein Geben und Nehmen. Es wird sich bald eine gute Gelegenheit auftun, um Ihren Gesprächspartnern einen Dienst zu erweisen!

Mehr zur cleveren Suche der passenden Immobilie lesen Sie gleich im Anschluss!

Teil 2 – FINDEN
01. Der Makler und die Besichtigung

Der Makler kann bei der Suche einer Wohnung und während des Kaufprozesses eine hilfreiche und lohnenswerte Instanz sein. Verfallen Sie also nicht, wie viele, in die voreilige Geringschätzung gegenüber diesem Dienstleister, der, wenn er gut ist, Ihnen viele Tipps und Hilfestellungen geben wird. Es liegt auch an Ihnen, wie gut der Makler sein kann. Wie in vielen Dienstleistungsberufen gilt auch hier mittlerweile: Service je nach Kunde. Treten Sie also mit fehlender Achtung an den Makler heran und geben ihm unterschwellig zu verstehen, dass er für Sie nur ein besserer Schlüsselbund ist, wird die Gegenliebe entsprechend ausfallen. Sind Sie allerdings wirklich naiv – was Sie nach der Lektüre dieses Buches ja nicht mehr sein sollten –, dann geben Sie dem nicht so gewissenhaften Makler auch Signale, Sie bei manchen Fragen im Nassen stehen zu lassen. Gründlich sind wir Menschen ja oft dann, wenn wir gefordert werden!

    Versuchen Sie also, den <u>Makler als Vertragspartner auf Augenhöhe</u> zu sehen, von dem Sie durchaus Leistung erwarten dürfen, und der Ihnen auch zur Seite stehen wird mit Rat und Tat. Insbesondere ist der Makler auch jene Instanz, über die Verkaufsverhandlungen und allem voran Preisverhandlungen laufen, ohne dass man als Käufer direkt mit dem Eigentümer zu tun hat. Dies schafft die oft notwendige emotionale Distanz und wird sich in den meisten Fällen für Sie als Käufer positiv auswirken! Ein guter Makler arbeitet das Interesse, das Anliegen jeder Seite heraus. Worum geht es eigentlich dem Käufer, dem Verkäufer? Nicht alles ist primär eine Frage des Preises. Sehr oft spielen Sympathie oder Antipathie eine Rolle, oder ein Wohnungsbesitzer möchte an einen Nachfolger verkaufen, der die Wohnung, das Ambiente, die Geschichte des Ortes zu schätzen weiß. Viele achten auch darauf, dass eine homogene, gut funktionierende Hausgemeinschaft nicht ins Ungleichgewicht gebracht wird durch den Neuzugang eines Käufers, der „nicht ins Bild" passt. Horchen Sie also auf die Signale, die der Makler diesbezüglich aussenden könnte. Nachdem sich in vielen Städten durch die Gentrifizierungsthematk ein oft kämpferisches Klima auf dem Wohnungsmarkt entwickelt hat, ist „der" Makler für einen guten Teil der Bevölkerung zum Schwarzen Schaf geworden, von dem man stets annimmt, dass er das Geschäft der Investoren machen, auf deren Seite steht und für den Käufer ohnehin keine ersichtliche Arbeit leistet. Es werden also, weil die meisten Wohnungen bisher noch über ein Maklerbüro auf den Markt kommen, diese Person und dieser Kostenpunkt als ein notwendiges Übel mit eingeplant, das zu umgehen, wenn es denn ginge, manch einem gefiele. Diese Haltung mag an der leidigen Praxis liegen, dass der Verkäufer den Makler beauftragt – also die Entscheidung für diese Dienstleistung trifft –, der Käufer aber das Maklerhonorar zu zahlen hat, obwohl er keine Entscheidungsfreiheit über die Beauftragung und deren Inhalte hatte. Die hälftige Übernahme der Maklerkosten durch beide Vertragspartner ist mehr und mehr in den Hintergrund getreten. Es wäre sinnvoll, diese Praktik wieder einzuführen!

Doch mit einem Mythos können wir hier sofort brechen: Als Käufer werden Sie immer die eine oder andere Form der <u>Maklercourtage</u> zahlen! Aller Rest ist pure Psychologie. Wenn in einem Kaufexposé vermerkt steht: „Dieses Angebot ist für den Käufer provisionsfrei", so mag Sie dies fröhlich stimmen, oder dem Makler gegenüber gar freundlicher. Es handelt sich dann aber, in der einen oder anderen Form, stets um eine sogenannte Innenprovision. Das bedeutet, die jeweiligen Prozente der Maklercourtage wurden vorher dem ausgewiesenen Kaufpreis hinzugeschlagen. Dasselbe gilt für das Angebot von Wohnungen

„direkt vom Eigentümer", also provisionsfrei. Jeder halbwegs clevere Privatmensch, und in jedem Fall jeder professionel handelnde Immobilienvermittler, hat diesen Teil wohlweislich in seine Kalkulation mit einbezogen. Und warum auch nicht? Würden Sie gratis arbeiten? Warum? Wovon würden Sie dann leben?

Es lässt sich also feststellen, dass die Transparenz der separat ausgewiesenen Maklercourtage dem Käufer gegenüber ehrlicher ist, diese Haltung dann aber oft mit wenig Achtung quittiert wird.

Das Prinzip der Innenprovision kenne ich gut aus Frankreich, wo es als Standard seit langer Zeit Teil des Immobilienmarktes ist. Achten Sie darauf, nicht wie ich bei meinem ersten Kauf den Fehler zu begehen, die Maklercourtage nicht aus dem Gesamtkaufpreis herausrechnen zu lassen. Gerade bei niedrigen Kaufpreisen fordern viele Makler, berechtigterweise, nicht ihren üblichen Prozentsatz vom notariell beurkundeten Preis, sondern eine Fixsumme, die in Prozenten ausgedrückt wesentlich höher liegt. Denn der Arbeitsaufwand für die Vermarktung einer günstigen wie auch einer teureren Immobilie ist oft derselbe. Bei meinem Kauf, wie ich später erfuhr, betrug der Anteil der Maklergebühr gut 20 % des Kaufpreises, den ich zu entrichten hatte. Nachdem ich aber aus Unwissenheit nicht explizit auf diesen Umstand hingewiesen hatte, und niemand der Beteiligten dies von sich aus zur Sprache brachte, wurde die Gesamtsumme zugrunde gelegt für die Berechnung der Notar- und Umschreibegebühren und, was noch mehr zu Buche geschlagen hat, der einmaligen Grunderwerbsteuer.

Das Herausrechnen der Maklercourtage sollte zum Schutz des Käufers und der allgemeinen Transparenz wegen automatisch garantiert sein. Achten Sie selbst darauf, wenn die Ihnen über einen Makler angebotene Wohnung als provisionsfrei gilt! Bestehen Sie darauf, den Honoraranteil separat ausweisen zu lassen. Es wird manchem Makler und Verkäufer nicht gefallen, sich in die Karten schauen zu lassen. Denken Sie aber daran: Es kostet Ihr Geld!

Im Grunde verhält es sich dann mit den Maklerkosten wie z.B. mit der Einbauküche, die auch heute schon aus der Berechnungsgrundlage der Grunderwerbssteuer herausgerechnet werden kann. Schließlich ist sie nicht immobil!

Nun aber zu Ihnen und Ihrem Umgang mit dem Makler. In den meisten Fällen werden Sie auf eine Anzeige reagieren, die Sie online entdeckt haben. Der Makler wird, bei aktueller Gesetzeslage, von Ihnen eine schriftliche Anfrage erbitten, wenn Sie sich telefonisch melden. Oder er wird Sie als Antwort auf Ihr Mail bzw. die Kontaktanfrage über die Internetplattform auffordern, ihm zunächst Ihren Namen und Ihre kompletten Kontaktdaten zu übermitteln. Aus dem guten Grund, dass mit dem Zurverfügungstellen der Informationen über die Wohnung sein Courtage-Anspruch entsteht. Es gilt der erste Nachweis einer Immobilie. Der Makler schützt sich also gegen Missbrauch der von ihm aufbereiteten und zur Verfügung gestellten Information. Er wird Sie oft auch bitten, eine Vereinbarung zu unterzeichnen, die diesen Nachweis bestätigt und die Zahlung der Courtage im Erfolgsfall zusagt. Die Nachweisbestätigung beinhaltet auch, dass Sie die Informationen nicht an Dritte weiterleiten dürfen und dass die eventuell umgangene Maklercourtage, im Falle, dass Dritte das Objekt direkt vom Eigentümer kaufen sollten, dann auch von Ihnen eingefordert werden können. <u>Das „neue" Verbraucherschutzgesetz</u> sieht, allerdings nur beim so genannten Fernabsatz, also nicht bei Zustandekommen des Vertrags im Büro des Maklers, nun ein 14-tägiges Recht auf Widerruf vor. Sie dürfen demnach 14 Tage lang nach der Vereinbarung von diesem Vertrag zurücktreten. Im Praktischen bedeutet dies aber, dass der Makler 14 Tage lang nicht für Sie arbeiten kann, Ihnen also de facto keine Objekte via Exposé anbieten oder bei einer Besichtigung zeigen kann. Deshalb beinhaltet die Widerrufsvereinbarung eine Klausel, mit der Sie auf den Widerruf verzichten und den Makler umgehend beauftragen können, für Sie tätig zu werden.

Ein typisches Beispiel für eine Verkomplizierung der Abläufe, die einer Gesetzesänderung geschuldet ist, die auch und gerade durch Missbrauchspraktiken herbeigeführt wurde! Schauen Sie sich also immer genau an, was Sie unterschreiben sollen, und bleiben Sie gelassen. Es hat alles seine Richtigkeit, dass die anderen sich absichern, solange sie von Ihnen einzig und allein nur dann Geld fordern, wenn es zu einem erfolgreichen Kaufvertragsabschluss kommt. Sie können getrost, wenn Sie sich sieben oder acht oder auch zwanzig Exposés schicken lassen, genauso oft diese Vereinbarungen unterzeichnen. Damit wird zwar der Anspruch des Maklers besiegelt, fällig wird die Courtage aber eben nicht, wenn Sie sich gegen das Objekt entscheiden. Sie zahlen nur einmal! In der Regel ist dann auch die Rechnung des Maklers in der Abfolge des Kaufprozederes die erste Zahlung, die Sie leisten müssen, weit früher als den eigentlichen Kaufpreis. Eine entsprechende Maklerklausel kann auch (muss aber nicht) Bestandteil des Kaufvertrages werden, damit herrscht Klarheit und Sicherheit für alle Beteiligten. Beachten Sie allerdings, dass bei Aufnahme dieser Maklerklausel in den Kaufvertrag zwischen zwei Privatpersonen zudem ein Kaufmann Teil des Vertrages wird. Dann greift erneut die 14-Tage-Frist zwischen Bekanntwerden bzw. Einigung auf die definitive Fassung des Kaufvertragsentwurfes und der eigentlichen Leistung der Unterschriften beim Notar!

Natürlich können Sie als Käufer sich den Makler nicht aussuchen. Es sei denn, sie beauftragen den Makler Ihres Vertrauens mit der Suche. Hierbei werden Ihnen aber womöglich Mehrkosten entstehen, denn Ihr Makler wird, jenseits seines internen Netzwerkes, auch auf Objekte stoßen, die von anderen Maklern angeboten werden, und da dann beide an der Sache arbeiten werden, müssen beide etwas beim Geschäft verdienen. Dies kann, wenn beide Makler es so wollen, zu einem internen Teilungsgeschäft führen, doch auf manchen lokalen Märkten und besonders bei niedrigpreisigen Angeboten rechnet sich das nicht und jene Makler, die den Verkäufer vertreten, also das Objekt akquiriert haben, verweigern oft ein solches Gemeinschaftsgeschäft. Der von Ihnen mit der Suche beauftragte Makler könnte demnach ein separates Honorar verlangen.

Vielleicht wird Ihre Traumwohnung von einem Makler angeboten, den Sie tatsächlich nicht leiden können oder der seine Arbeit nicht optimal macht. Nachdem Sie aber diese eine Wohnung haben möchten, müssen Sie sich arrangieren.

<u>Einen guten Makler</u> erkennen Sie daran, dass er zeitnah kommuniziert, Versprochenes hält, und Ihnen jene Informationen zukommen lässt, die Sie benötigen und erbeten haben. Wenn nicht, dann wird er Ihnen plausibel erklären, weshalb zu diesem Zeitpunkt gewisse Informationen noch nicht vorliegen oder kommuniziert werden sollen. Sie erkennen ihn ebenfalls daran, dass er das angebotene Objekt kennt und Ihre Fragen beantworten kann. Ganz besonders gut ablesen lässt sich die Seriosität eines Makler daran, wie er damit umgeht, wenn er die Antwort auf Ihre Fragen nicht weiß. Herumdrucksen oder (vielleicht auch augenscheinlich) falsche Angaben sind nicht vertrauenerweckend. Wenn er aber erwidert, dass er auf Ihre konkrete Frage keine sofortige Antwort hat, sich jedoch umgehend informieren und Sie dann kontaktieren wird, dann können Sie sich in guten Händen wähnen!

Der Makler sammelt und prüft die ihm vom Eigentümer zur Verfügung gestellten Unterlagen und sehr oft, besonders bei schon lange ortsansässigen Maklerfirmen, kennt er Eigentümer, Verwalter und Gebäude und kann die Bonität gut einschätzen. Aber der Makler haftet nicht für die Richtigkeit der zur Verfügung gestellten Informationen. Sie werden einen solchen Hinweis auch fast immer in der Anzeige oder dem Exposé finden. Der Makler ist Vermittler. Ihr Geschäftspartner des eigentlichen Kaufes im juristischen Sinne aber ist oder wird der Verkäufer. Für die juristische Richtigkeit der gesamten Transaktion ist der Notar zuständig. Ihnen obliegt eigenverantwortlich, alle im Vorfeld notwendigen und verfügbaren Informationen einzuholen und zu prüfen. Schließlich treten Sie als potenzieller neuer Eigentümer in Rechtsverhältnisse ein, die etwas weitreichender sind als der Kauf der Fahrkarte für die U-Bahn. Der Makler ist bei diesem Findungsprozess ihr privilegierter Partner. Fordern Sie ihn ruhig und verharren Sie nicht passiv in der Erwartungshaltung, dass der Makler es schon richten wird, oder dass er ohnehin nichts für Sie tun kann. Doch!

Es gibt zwei Möglichkeiten: Sie besichtigen zuerst, und bei Gefallen prüfen Sie die Dokumente, oder Sie prüfen zuerst und besichtigen, sofern Sie es dann noch wollen, im Anschluss. Ich empfehle Ihnen, wenn Sie ein Kurzexposé online gesehen und ausführlichere Informationen angefordert haben, sich zunächst alleine die Unterlagen anzusehen. Somit schaffen Sie sich erst einmal einen Überblick, ohne Beeinflussung, weder durch den Makler, noch durch die Wohnung oder das Haus. Man sollte die Strahlkraft eines Ortes nicht unterschätzen, auch nicht die Überzeugungskraft, selbst wenn die Fakten in den Papieren nicht so rosig aussehen.

Meist sind diese Unterlagen PDFs, die Sie vom Makler per Email erhalten. Viele Makler mögen die Hausunterlagen nicht vor der Besichtigung herausgeben, auch aus Gründen des Datenschutzes. Natürlich verspricht sich der Makler durch den persönlichen Kontakt bei einer Besichtigung berechtigterweise,

Sie besser kennenzulernen und „soft facts" schaffen zu können. Im Unterschied zu den „hard facts", also den schwarz auf weiß einsehbaren Tatsachen der Abrechnungen oder der Teilungserklärung, sind diese „soft facts" der zwischen-menschliche Kitt, die Sympathie, manchmal auch die Überredungskunst.

Im aktiven Prozess der Wohnungssuche ist es immer ein Gewinn, eine Wohnung zu besichtigen und dabei auch einen neuen Makler zu treffen. Doch bitte: Vereinbaren Sie nur dann einen Termin, wenn die entsprechende Wohnung für Sie potenziell die richtige ist. Aus Respekt vor der Arbeit und Zeit des Maklers sollten Sie davon absehen, „einfach mal so" eine Besichtigung zu vereinbaren. Jeder von uns muss zusehen, wie er sein Überleben sichert und seine Zeit „managt". Und vergeudete Zeit ist immer Lebenszeit, da haben wir auch für die anderen eine Verantwortung! Gerade bei den Maklern gibt es, neben den großen, anonymeren Maklerketten (oft Franchise-Unternehmen), die sich gerne als Platzhirschen sehen oder es tatsächlich sind, viele Einzelkämpfer in dieser Branche, die ihren Job mit großem Engagement und mit Seriosität ausüben. Das gilt es zu achten.

Auch wenn Sie bei der Besichtigung merken sollten, dass die Wohnung dann doch nicht für Sie passt, kann aus dem Gespräch mit dem Makler eine neue Einsicht entstehen, Sie können Informationen erlangen, die Sie zuvor gar nicht „auf dem Radar" hatten. Fragen Sie den Makler nach vergleichbaren Wohnungen im Angebot, stellen Sie ihm Fragen zur Nachbarschaft, zu seiner Einschätzung der Preisentwicklung, zu allgemeingültigen Aspekten, die bei jeder Besichtigung und jeder Wohnung relevant sind. Wenn Sie kompetent und interessiert auftreten, die richtigen, wichtigen Fragen stellen und das ein oder andere Fachwort benutzen, zeigen Sie dem Makler auch, dass sie mündig sind und wissen, was Sie tun. Man wird Sie also entsprechend behandeln! Ich habe, wenn ich privat unterwegs war, immer wieder die Erfahrung gemacht, dass viele Makler recht redselig sind, wenn die Sympathie stimmt und beide wissen, dass man in vollem Bewusstsein auf Augenhöhe Informationen austauscht, aber alles bei einem netten Plausch zwischen Wohnungstür und Kellertreppe. Gerade wenn Sie sich entschieden haben, in einer Stadt zu kaufen, die Sie noch nicht gut kennen, sind solche Gespräche oft Goldgruben!

<u>Was also macht ein Makler</u>, bis es zur Besichtigung mit Ihnen kommt? Er muss zunächst das Objekt akquirieren, also in Erfahrung bringen, dass es überhaupt zum Verkauf steht – der schwierigste und aufwendigste Part. Also sucht er den Kontakt zum Eigentümer. Dann prüft er durch eine eigene Besichtigung die angebotene Immobilie, und zwar, im Falle einer Wohnung, die eigentliche Einheit wie auch das Gemeinschaftseigentum. Parallel hierzu prüft er die Hausunterlagen (aber nicht immer bis ins kleinste Detail!). Das sind die Abrechnungen der Nebenkosten, die Protokolle der Eigentümerversammlungen mit den Anhängen, im besten Fall auch die Teilungserklärung, also jenes zentrale Vertragsdokument, dass die Eigentümer einer WEG untereinander bindet und dem Sie als Käufer immer die gebührende zentrale Aufmerksamkeit schenken sollten. Dann dokumentiert der Makler die Wohnung und die Außenbereiche. Diesen Teil der Arbeit lässt er idealerweise, meistens allerdings nur bei entsprechend teuren Objekten, von einem professionellen Fotografen erstellen. Er bearbeitet die Bilder nach und verfasst das Verkaufsexposé, in das die Bilder und ein Teil der Informationen aus den Hausunterlagen einfließen. Je nach Lage und Angebot erstellt er auch einen Text in einer anderen Sprache. Schließlich wirbt er, auf seine Kosten, durch Aushang, Zeitungsinserate und Online-Anzeigen für das Objekt. Er betreut die Korrespondenz mit den Kaufinteressenten und gibt dem Verkäufer hierzu regelmäßig Meldung. Er vereinbart Besichtigungstermine und führt sie durch. Ein anderer, sehr wichtiger

Aspekt, um festzustellen, ob Sie es mit einem guten, seriösen Makler zu tun haben: Er wird ihnen einen Einzeltermin anbieten! Seien Sie auf der Hut, wenn Sie bei der Besichtigung plötzlich eine Schlange von Interessenten vor dem Haus oder auf den Stufen des Treppenhauses erblicken, besonders wenn dies so zuvor nicht angekündigt wurde. Es genügt, finde ich, bei großer Nachfrage zunächst zehn Termine hintereinander zu vergeben und darauf zu zählen, dass es zu einem Vertragsabschluss kommen wird. Nur eine Frage der Organisation. Und vor allem des Respekts, Ihnen und anderen nicht die Konkurrenzsituation, die jedes vertrauliche Gespräch unterbindet, zuzumuten.

  Schließlich wird der Makler detaillierte Hausunterlagen an alle Interessenten versenden und immer wieder auf spezifische Fragen Antworten geben oder die entsprechenden Informationen einholen und dann weiterleiten. Wenn Sie sich für die Wohnung entscheiden, wird er Sie und den Verkäufer um eine Beauftragung des Notars in Ihrer beider Namen bitten, es sei denn, eine der Parteien möchte diesen Part selbst übernehmen. Die Wahl des Notars steht beiden Seiten offen. Der Makler kann eine Empfehlung aussprechen. Sie mögen vielleicht den Notar Ihres Vertrauens beauftragen, tun Sie es kund. In jedem Fall gilt: Der Notar ist neutral und hat die Interessen beider Vertragsparteien (also Verkäufer und Käufer) zu wahren und die Ausgewogenheit und juristische Korrektheit des Vertrags zu garantieren.

  Warum lässt der Makler Sie nun erneut ein Papier unterschreiben, oder bittet um Zusage der <u>Notarbeauftragung</u> per Email? Weil es in der Zeit zwischen dem Ja und dem eigentlichen Termin, so zeigt sich immer wieder, zu einem plötzlichen Sinneswandel kommen kann, der Notar aber bereits zu arbeiten begonnen hat, um den Kaufvertragsentwurf zu verfassen. Springt also eine der beiden Parteien ab, so haftet diese Partei für die dem Notar entstandenen Kosten. Wohlgemerkt: lediglich für den tatsächlich entstandenen Teil, also in der Regel nur den Kaufvertragsentwurf, eine vergleichsweise geringe Summe.

Der Makler wird in den meisten Fällen auch die Kommunikation zwischen Verkäufer, Käufer und Notar bis hin zur Vertragsunterzeichnung übernehmen, also die Vertragsentwürfe versenden und die Änderungswünsche beider Seiten bündeln und dann an den Notar weiterleiten. Der Makler ist nicht verpflichtet, bei der Beurkundung anwesend zu sein. Ich kenne aber einige, die das gerne machen, aus Professionalität und als Geste, manchmal auch, um sicherzustellen, dass die seitens des Maklers gewünschte Maklerklausel nicht in extremis aus dem Vertrag entfernt wird.

In der Phase Ihrer Entscheidungsfindung sollten Sie eng mit dem Makler zusammenarbeiten und ihn beispielsweise bitten, Ihnen die Hausunterlagen zu erklären. Sagen Sie sich nie, dass das schon alles irgendwie seine Richtigkeit haben wird, wenn Sie nicht zumindest in großen Zügen verstehen, worunter Sie im Endeffekt Ihre Unterschrift setzen werden. Viele Makler sind es nicht gewohnt, dass sie einem Kunden die Teilungserklärung erläutern sollen. Ich finde, es gehört, wenn gewünscht, ganz selbstredend zur Aufgabe dazu. Ja, unter Umständen kann ein Makler gutes Geld verdienen, für viele bleibt es aber ein Knochenjob. Doch dessen ungeachtet sollte im Mittelpunkt immer die Dienstleistung für den Kunden und dessen Zufriedenheit stehen, und ein guter Makler weiß, dass ein zufriedener Kunde einer ist, der ihn weiterempfiehlt.

Nun einige konkrete, wichtige Tipps für die Besichtigung, egal ob mit oder ohne Makler.

Informieren Sie sich <u>vor dem Termin</u> online über die Adresse. Nutzen Sie die online verfügbaren Tools, gehen Sie auf Karten, zoomen Sie in die 3D-Straßenansichten und schauen Sie, welche

Informationen, die Sie bisher noch nicht hatten, Sie daraus ablesen können. Denken Sie dabei an Vor- und Nachteile. Lokalisieren Sie, wenn Sie von der Wohnung einen Grundriss vorliegen haben (darauf sollten Sie VOR der Besichtigung bestehen!), „Ihre" Wohnung im Haus. Wie sind die Lichtverhältnisse, gibt es im Hof ausreichend Abstand zu den Nachbargebäuden oder großen Bäumen? Sind Lärmquellen zu erkennen, also Restaurants oder Ladengeschäfte im Haus oder in den angrenzenden Gebäuden, nebenan und gegenüber? Handelt es sich um eine ruhige oder sehr befahrene Straße? Welche Informationen über Gewerbetreibende oder über öffentliche Einrichtungen im Haus oder Umfeld sind verfügbar? Z.B. eine Schreinerei im Hinterhof oder eine Feuerwehrstation zwei Häuser weiter? Merken Sie sich diese Punkte oder notieren Sie sie in Ihr Heft.

Besichtigung

Wenn Sie ortsansässig sind, richten Sie es sich so ein, dass Sie gut eine halbe Stunde vor dem Termin bereits dort sind. Bleiben Sie einfach fünf Minuten stehen und spüren Sie, wie die Stimmung ist. Gehen Sie auf die andere Straßenseite und betrachten Sie das Haus, in dem Sie gleich Ihr mögliches neues Zuhause entdecken werden. Was können Sie vom Dach erkennen, in welchem Zustand erscheint es? Wie sieht die Fassade aus? Gehen Sie wieder näher und schauen Sie, ob Sie mit bloßem Auge Schäden erkennen können. Ein Tipp: Nutzen Sie den Zoom Ihres Fotoapparates und prüfen Sie insbesondere, wie die Dachkästen und Regenrinnen aussehen. Gehen Sie, sofern die Türen oder Tore offen stehen, auf die Nachbargrundstücke und versuchen Sie, das Haus Ihres Interesses von hinten oder von der Seite einzusehen. Das gibt Aufschluss darüber, wie die unmittelbare Nachbarschaft ist, mit der Sie eben zu tun, aber auf die, anders als in Ihrem Haus, Sie nur einen begrenzten Einfluss haben werden. Machen Sie die Schritte und gehen Sie einmal ums Carrée. Wie weit sind die Wege zu Geschäften, zu öffentlichen Transportmitteln, wie sind die Parkmöglichkeiten für Ihr Auto oder das Ihrer Besucher?

Ich finde diesen ersten Teil VOR der Besichtigung oft viel aufschlussreicher, denn er versetzt einen garantiert in einen Zustand, unabhängig davon, wie sehr einem später Haus und Wohnung selbst gefallen oder nicht gefallen werden. Sie kaufen immer auch ein Stück Nachbarschaft und dementsprechend Lebensqualität mit, sobald Sie sich konkret entscheiden!

Geben Sie das Tempo vor und lassen Sie sich nicht von einem gehetzten Makler oder Eigentümer beeindrucken. Als Kaufinteressent fragen Sie am besten immer gleich zu Anfang, über wie viel Zeit Sie verfügen dürfen, dann wissen Sie, wie Sie die Besichtigung takten können. Bei einer ersten Besichtigung geht vieles über das Bauchgefühl. Lassen Sie sich also nicht „zutexten", während Sie den Hausflur durchschreiten und die Treppe hochsteigen. Bereits hier ist Wachsamkeit gefragt. Wie fühlen Sie sich? Wohlig? Geborgen? Sicher? Oder kommt Ihnen eine schmuddelige, aggressive Umwelt entgegen? Man kann diesen ersten Eindruck nie genug wertschätzen. Den analytischen Blick, wenn Sie nicht parallel schauen können, heben Sie sich dann für den Rückweg auf. In jedem Falle empfehle ich Ihnen, sofern ein Aufzug existiert, die Treppe zu wählen. Das dauert länger und gibt Ihnen Zeit, etwas zu sehen und zu erfahren. So auch, ob die Nachbarn das Treppenhaus und die Geschossflure als Abstellkammer, Schuhschrank, Blumenbalkon oder zum Vorsortieren des Abfalls gebrauchen oder missbrauchen.

Und dann: beginnt der Rundgang! Stellen Sie sich darauf ein, dass, je nach Temperament und Training, der Makler oder auch der Verkäufer im Falle eines Privatangebotes, permanent etwas sagen will, um Ihnen alles zu erklären, was ohnehin augenscheinlich vor Ihnen liegt. Das mag der Verlegenheit geschuldet sein, weil man Angst vor dem Schweigen hat und dies nun mit einem Wortschwall zu überbrücken sucht. Es kann aber oft auch Teil einer Strategie sein. Ich erinnere mich gut daran, wie ich als Makler einmal in einem Objekt mit einem sehr heruntergekommenen Treppenhaus versuchte, die Kunden sofort in ein reges Gespräch zu verwickeln, den Augenkontakt zu behalten, auch während wir Stockwerk um Stockwerk zur Wohnung hochstiegen, einzig um den Schock zu minimieren und um den Interessenten als ersten Eindruck dennoch die dann wunderbare Wohnung zu vermitteln. Wenn Sie also lieber in Ruhe schauen und selbst entdecken, geben Sie das Ihrem Gegenüber sofort und in klaren, netten Worten zu verstehen. Jeder, der nur ein bisschen kaufmännisches Geschick hat, und das sollte jeder Makler und auch jeder Eigentümer, der zu verkaufen sucht, haben, wird begreifen, dass er Sie erst einmal machen lässt und wird sich bereit halten, um auf Ihre Fragen zu antworten. Vergessen Sie nicht: Sie sind der Kunde, Sie geben den Ton an!

In den meisten Fällen werden Sie ja eine Wohnung erst besichtigen, nachdem Sie ein wie ausführlich auch immer geartetes Exposé eingesehen haben. Sie haben also bestimmt auch den Grundriss studiert und die Bilder angesehen, sich also die Räumlichkeiten vorzustellen versucht. Bei der Besichtigung geht es nun darum, das Bild und die Wirklichkeit abzugleichen.
    Lassen Sie <u>die ersten Eindrücke</u> zunächst sensorisch auf sich wirken. Das ist von großer Bedeutung. Viel mehr, als sofort zu wissen, ob dieses oder jenes Möbel um die schmale Ecke passen wird oder nicht. Können Sie sich an diesem Ort zu Hause fühlen, können Sie sich ausmalen, wie es ist, hier nach Hause zu kommen, die Tür aufzuschließen und sich niederzulassen? Wie fühlt es sich an, von einem Raum in den nächsten zu gehen? Was

sehen Sie, wenn Sie aus den Fenstern schauen? Wer kann Sie sehen? Sofern der Boden nicht zu verschmutzt ist, setzen Sie sich ruhig einmal hin, oder legen Sie sich einen Moment. Nehmen Sie sich ruhig eine Folie mit. Die Erste-Hilfe-Folien aus dem Euroladen sind dafür auch sehr geeignet. Haben Sie keine Furcht, den Makler um diese Zeit zu bitten: Einfach einmal still sitzen und den Ort wirken lassen.

Sie werden vielleicht nicht gleich mit diesem Teil beginnen wollen, sondern sind eher der rationale Typ. Dann schauen Sie sich die Wohnung sehr gründlich an, sofern nicht ein Gesamteindruck oder ein Detail Ihnen sofort zu verstehen gibt, dass dies hier nicht die richtige Immobilie für Sie ist. Doch selbst in diesem Fall sollten Sie sich genau merken oder notieren, was es war, das Sie Abstand nehmen ließ. Damit nuancieren Sie Ihre weiteren Suchkriterien.

Hat die Wohnung aber Ihr Interesse noch weiter geweckt, gehen Sie in Ihrer <u>Prüfung</u> recht systematisch vor, Raum für Raum. Prüfen Sie, was Sie sehen und prüfen Sie, was dahinter oder darunter liegt. Klopfen Sie die Wände ab. Klingt es hohl, massiv? Ist es Trockenbau, sind es also vorgesetzte Gipskartonwände? Das hat Vorteile und Nachteile, je nach gewünschter Raumnutzung (schwieriger für die Hängung schwerer Wandschränke zum Beispiel). Auch sollten Sie sicherstellen, dass mit einer recht schnell und ziemlich günstig hochzuziehenden Trockenbauwand keine kaputten und feuchten Wände verdeckt wurden. Handelt es sich um eine Außenwand, so sollten Sie sich später diese Wand auch von außen ansehen und auf Risse oder Flecken prüfen. Ist es eine Trennwand zu einer Nachbarwohnung, so kann diese Vorsatzwand eine Schallschutzmaßnahme gewesen sein. Achten Sie also darauf, ob Sie Geräusche von nebenan hören oder versuchen Sie, die Nachbarn kennenzulernen. Hat der Raum seine ursprüngliche Decke oder erkennen Sie im Vergleich zu den anderen Räumen einen Höhenunterschied? Das weist darauf hin, dass Sie mancherorts noch etwas Höhe dazugewinnen könnten, indem Sie die abgehängte Decke entfernen. Doch Vorsicht: Oft wurden besonders in Altbauten und dort zuvorderst in langen Fluren gerne die Decken tiefer gehängt, da sich dann darüber sämtliche Strom-, Gas- und Wasserleitungen unverkleidet (und kostengünstig) entlangführen ließen. Sie gewinnen also womöglich an Deckenhöhe, haben aber Mehrkosten für die Neuverlegung einiger Leitungen und das Verputzen von Wand- und Deckenflächen. Ebenso verhält es sich mit Tapeten auf Wänden. Gerade in alten Wohnungen liegen die Papierbahnen oft in mehreren Schichten übereinander und lassen sich nicht leicht lösen. Zumindest ein Überputz oder Ausgleichsputz auf allen Flächen wird dann nötig. Könnten Sie ansonsten die Tapete, wenn Sie noch gut verklebt und erhalten ist, auch einfach streichen? Diese Fragen sind JETZT wichtig. Denn Sie müssen Ihr Budget evaluieren und wissen, ob Sie sich diese Renovierungen leisten können, oder auch, ob Sie Argumente haben, um zu versuchen, den Preis nach unten zu verhandeln. Liegen im Raum ausreichend Steckdosen an, oder müsste da nachgerüstet werden? Im Idealfall befinden sich an allen vier Ecken eine (Doppel-)Steckdose. Sehen Sie sich also (meist im Flur) den Sicherungskasten an und schauen, wie leicht dieser erweiterbar ist). Gegebenenfalls bitten Sie um Angaben darüber, aus welchem Jahr die Elektrik stammt.

Sehen Sie sich den Boden an. Wenn Parkett oder Holzdielen liegen, gehen Sie über die gesamte Fläche, um zu hören, wie sehr es knarrt und quietscht. Liegt Teppichboden auf, so können Sie dies auch hören. Anders bei Laminat. Prüfen Sie an Türschwellen oder an den Rändern, ob Sie den Bodenbelag etwas anheben können, um zu sehen, ob der alte Holzboden noch aufliegt. Im Altbau ist meistens davon auszugehen, denn es ist billiger, bei einer schnellen Sanierung vor der Neuvermietung oder dem Verkauf, einen neuen Bodenbelag aufzubringen, als den alten zu sanieren oder erst zu entfernen. Auch wenn Sie Laminat nicht mögen sollten: Es kann durchaus sein, dass es noch recht neu ist und in gutem Zustand, dass Sie zudem die Dielen darunter entdecken konnten. Gut, dann hilft es womöglich Ihrem Budget und Ihrem Zeitplan, den Boden erst einmal so zu belassen. Später können Sie, je nach Finanzen, die alten Dielen aufarbeiten (auch wenn dies großen Schmutz und Lärm verursacht und bei gleichzeitiger Bewohnung immer eine erhebliche Einschränkung bedeutet).

Es ist wichtig, die verschiedenen Aspekte zu registrieren und in ihrer <u>Dringlichkeit oder Relevanz</u> gegeneinander abzuwägen. Ich finde es immer beruhigend, wenn ich um zukünftiges Potenzial weiß, aber nicht sofort Handlungsbedarf besteht!

Haben Sie sich also Decken, Wände und Böden näher angesehen, widmen Sie sich den Fenstern. Nicht immer sind alle Fenster einer Wohnung im selben Zustand oder gar von gleicher Machart. Bei vielen denkmalgeschützten Altbauten unterliegt lediglich die straßenseitige Fassade, manchmal auch noch das Treppenhaus, dem Schutz. So wurden zum Hof hin vielmals Kunststofffenster eingebaut. Und in anderen Wohnungen wiederum wurden lediglich in Bad und Küche neue Fenster eingesetzt. Warum? Weil hier die Luftfeuchtigkeit am höchsten ist und die Räume tendenziell schlecht gelüftet werden, die alten Holzfenster also schneller defekt waren.

Welche Wartung der Fenster haben Sie also zu berücksichtigen? Prüfen Sie parallel hierzu auch noch einmal – oder zum ersten Mal –, was die Teilungserklärung hierzu sagt. Standard ist, dass die Fenster Gemeinschaftseigentum sind, die Wartung und Pflege, sprich der Anstrich, von innen aber jedem Wohnungseigentümer obliegt. In manchen WEGs hat es allerdings entsprechende Beschlüsse gegeben, sodass die Fenster komplett zum Sondereigentum zählen und sich die Eigentümer beim Auswechseln der Fenster lediglich an eine gewisse ästhetische oder bauliche Norm zu halten haben. Dies mag aus der Teilungserklärung nicht hervorgehen, sondern nur aus einem Protokoll der Eigentümerversammlung. Allerdings gibt es hier auch gerne Grauzonen. Denn selbst wenn ein solcher Beschluss die Praktik in einer WEG dementsprechend regelt, so bleibt ein solcher Beschluss im Grunde rechtswidrig, denn das Gesetz über Wohnungseigentum sieht keine Abweichung von der Regel vor. Befragen Sie den Makler oder Verkäufer zu diesem Punkt.

Öffnen Sie alle Fenster, und zwar in allen möglichen Positionen, auch gekippt. Somit erkennen Sie schnell, ob die Mechanik intakt ist. Sehen Sie sich die Ränder an, ob sich zwischen den Glasscheiben keine Kondensationstropfen befinden.

Welche Ausrichtung haben die Fenster? Schauen Sie auf Baulücken, die eventuell noch zugebaut werden und Ihnen Sicht und Licht nehmen könnten. Prüfen Sie, in welche Himmelsrichtungen die Fenster weisen. Wer sich nicht gut zu orientieren weiß und wenn die Grundrisse nichts verzeichnen, der mag sich im Vorfeld eine Kompass-App auf sein Mobiltelefon laden. Die günstigste Ausrichtung, besonders wenn Sie außer Haus berufstätig sind, ist der Osten (Morgenlicht) für die Schlafzimmer und der Südwesten (späterer Nachmittag und Abend) für die Wohnräume und den Balkon. Somit profitieren Sie am besten vom Tageslicht, zu allen Jahreszeiten.

Schauen Sie auch, ob sich gewisse „tote" Ecken durch den Einbau von zusätzlichen Wänden in Stauraum umwandeln lassen, als Abstellkammer oder Einbauschrank. Oder umgekehrt: Vielleicht lässt sich eine Abstellkammer, die Sie nicht wirklich brauchen, ans Schlafzimmer anschließen und in eine Schlafkoje oder einen Alkoven verwandeln? Oder Sie gestalten ein winziges Gästezimmer. Welche existierenden Trennwände sind nichttragend und ließen sich entfernen oder für einen Türdurchgang öffnen? Prinzipiell müssen statisch nur die tragenden Wände – zudem das Fallrohr des WCs – stehen bleiben. Doch manche nichttragenden Wände in Altbauten sind mit der Zeit tragend geworden und müssten im Falle der Entfernung durch einen Träger oder eine Stütze abgefangen werden. Es ist dann immer sinnvoll, einen Architekten oder Statiker dies berechnen zu lassen. Bei der Besichtigung geht es aber erst einmal darum, das Potenzial auszuloten und Anhaltspunkte für das Kostenbudget zu erhalten.

Besondere Aufmerksamkeit gilt Küche, Bad und Heizung, sofern es sich um eine Gasetagenheizung handelt. Wie alt ist diese Therme? Manche Thermen, die über 20 oder 25 Jahre alt sind, laufen noch wunderbar, sind allerdings weit davon entfernt, energieeffizient zu arbeiten. Zudem darf der Heizungstechniker, der die gesetzlich vorgeschriebene jährliche Wartung durchführt, keine Therme mehr abnehmen, die älter als 30 Jahre ist. Lassen Sie sich die Wartungszertifikate der letzten drei Jahre vorlegen bzw. nachreichen. Für eine neue Therme müssen Sie mit einigen Tausend Euro rechnen. Bei der neuen obligatorischen Norm der Brennwerttechnik müssen auch Abwasserrohre fürs Kondenswasser gelegt werden, also je nach Grundriss ist dies nur mit einer Pumpe zu bewerkstelligen, um Türöffnungen zu überbrücken.

Sehen Sie sich SEHR genau die Sanitärinstallationen an. Denn im Falle einer Wohnungssanierung sind die potenziell kostenintensivsten Punkte die Fenster, die Heiztherme und die Sanitärinstallationen. Wenn Sie bei diesen Kostenquellen nichts Wesentliches zu befürchten haben, werden Sie mit einem geringen Budget auskommen können, um Ihr neues Zuhause nach Ihren Bedürfnissen und Wünschen bewohnbar zu machen.

Wichtig in Bad und Küche sind nicht so sehr die Ästhetik der Kacheln oder Armaturen, vielmehr sind es die Mechanik der Wasserhähne, die Abdichtungen an Duschtasse oder Badewanne, die Wasserspülung des WCs, besonders im Falle einer Einbauspülung. Liegen die Leitungen auf Putz? Sieht es gebastelt aus, oder vermitteln Ihnen Bad und Küche den Eindruck von

Solidität?

In vielen zu Mietzwecken sanierten Wohnungen wurden Materialien einfacher oder einfachster Qualität verwendet. Manchmal aber sind es auch höherwertige Produkte, die zu erhalten sich lohnt. Vielleicht ist das Badezimmer komplett mit weißen, leicht marmorierten Kacheln gefliest. Ordentlich und neutral, aber wenig einfallsreich und auch nicht sonderlich pflegeleicht, besonders, wenn es sich um den Boden handelt. Mit Farbakzenten der Textilien und der Neugestaltung des Bodens lässt sich das Bad mit wenig Mitteln und zu geringen Kosten „aufpeppen". Je nach Unterbau können Sie lediglich den Boden neu fliesen (lassen) und den Rest beibehalten.

Wo liegt ein Waschmaschinenanschluss an? Der nachträgliche Einbau am Siphon ist keine große Sache, wenn die Stellfläche vorhanden ist.

Bietet die Küche Platz für die Waschmaschine, vielleicht auch noch für eine Spülmaschine? Vielleicht befindet sich in der Wohnung eine Einbauküche. Nichts Besonderes, aber auch nicht unpraktisch? Etwas zu fern von Ihren ästhetischen Vorstellungen? Prüfen Sie die Schränke und Elektrogeräte auf Ihren Zustand (ohnehin, sofern der Strom noch anliegt und das Wasser nicht abgestellt ist: Testen Sie Wasserhähne, Toilettenspülung, Kochplatten und Herd). Der Korpus der Küchenmöbel ist innen vielleicht in einem sehr guten Zustand und von recht guter Qualität. Dann genügt es, die Oberflächen auszutauschen, neue Türen einzusetzen, oder, je nach Material und Beschaffenheit, die Front zu lackieren, um eine frische Küche zu erhalten. Ein neues Spülbecken (bei selbem Ausschnitt) und eine neue Armatur schaffen oft Wunder. Oder der Austausch der Arbeitsplatte, der Griffe. Es muss also nicht immer, sofort und prinzipiell, alles neu sein. Besonders wenn das Budget knapp ist, lässt sich das fehlende Kapital wett machen durch etwas Kreativität. Und der Spaßfaktor wächst! Nichts ist befriedigender als zu wissen, was man sich selbst ermöglicht hat, obwohl es scheinbar die eigenen Mittel übersteigt.

 Schauen Sie in der Küche auch, wie es sich mit der Belüftung verhält. Liegt eine Abzugshaube an, oder zumindest der Anschluss? Oder lässt sich nur über das Fenster lüften? In diesem Falle: Lässt sich leicht ein Durchzug herstellen mit einem Fenster nebenan, in einem anderen Raum? Denken Sie also an die praktischen Abläufe innerhalb der gesamten Wohnung, so wie Sie Ihren Gewohnheiten und Vorlieben entsprechen.

 Zuletzt: Wie stabil scheint die Wohnungseingangstür? Lässt sie sich leicht nachrüsten? Wenn das Treppenhaus unter Denkmalschutz steht, dann eben auch die Wohnungseingangstüren, zumindest von außen. Klopfen Sie die Wände unmittelbar um den Türrahmen herum ab. Wenn es nämlich darum geht, ein stärkeres Schließblech oder die Sicherungen eines 3-Punkte-Stangenschlosses zu fixieren, dann sollte dies in massivem Mauerwerk verankert werden können, mittels langer Schrauben. Trockenbau ist ungünstig.

Und noch einmal: Bedenken Sie die möglichen <u>Einflüsse der direkten Nachbarschaft</u> auf Ihre Wohnqualität. Also, wer sind Ihre möglichen Nachbarn *konkret*, und woher mögen strukturelle Beeinträchtigungen rühren? Die meisten Quellen von Störungen und Beeinträchtigungen in den eigenen Wänden entstehen durch Lärm. Sie können sich in der Folge Ihre Nachbarn nicht unbedingt aussuchen, aber im Vorfeld eines Wohnungskaufs doch in Erfahrung bringen, wer neben, über und unter der von Ihnen in Augenschein genommenen Wohnung lebt. Wenn Sie nach der Besichtigung noch mehr Interesse an der Wohnung haben, sollte dies nun Ihre Priorität sein. Meist ist es in Anwesenheit des Maklers nicht möglich, auf Nachbar-Erkundung zu gehen. Fragen Sie ihn aber danach. Und kommen Sie wieder, allein. Merken Sie sich die Namen auf den Klingelschildern, lokalisieren Sie „Ihre" Wohnung. Kommen Sie auch einmal abends zurück, läuten Sie bei den Nachbarn und bitten Sie um ein kurzes Gespräch, aber an der Wohnungstür, nicht über die Sprechanlage! Fotografieren Sie die Klingelanlage, dann können Sie später in aller Ruhe die Namen über das Telefonbuch gegenprüfen. Manchmal ergibt eine solche Suche ein paar Treffer mit den passenden Telefonnummern, um zukünftige Nachbarn auch anrufen zu können.

Wenn Sie Zweifel zur Ruhe im Haus, aber großes Interesse an der Wohnung haben, können Sie den Makler auch bitten – manche lassen sich bei entsprechender Absicherung darauf ein –, ob Sie eine Nacht Probewohnen können. Ein bisschen Camping mit Iso-Matte, Schlafsack und Picknick!

Schauen Sie aber auch, ob zum Beispiel das Schlafzimmer so liegt und im Grundriss derart gestaltet ist, dass das Kopfende des Betts nur an der Wand zum Treppenhaus stehen kann. Dann nämlich werden Sie höchstwahrscheinlich, wie weiter oben ausgeführt, zu tun haben mit der Vibration der Schritte auf den Stufen, wenn der eine Nachbar spät abends nach Hause kommt, der andere in aller Frühe morgens schon das Haus verlässt. Eventuell müssten Sie hier dann einen Schallschutz mit einplanen. Genauso verhält es sich, wenn ein Aufzug existiert und der Schacht an Schlafräume angrenzt. Die mechanischen Geräusche übertragen sich auch über den Boden, teils sogar weit über den angrenzenden Raum hinaus!

Betrachten Sie noch einmal die Nachbarschaft als Standort. Gehen Sie durch die Straßen, konsultieren Sie das Internet, die lokale Presse. Gibt es in unmittelbarer oder mittelbarer Nachbarschaft ein größeres privates oder öffentliches Bau- oder Sanierungsprojekt? Der Bau einer wichtigen Bibliothek, eines Kunststandortes wie ein Museum, ein Konzertsaal oder ein in sich außergewöhnliches Architekturprojekt wirkt fast immer aufwertend auf seine Nachbarschaft. Die Folge-Infrastruktur wird sich ansiedeln, womöglich eine Form von Kultur-Tourismus wird entstehen können, der Standort, und somit auch die Lage Ihrer Immobilie, wird anders bewertet werden in der Gunst der Stadtbewohner, der Gäste, der Neubürger. Passen Sie gleichzeitig darauf auf, dass die Nachteile, die mit mehr Bewegung und mehr Menschen in der Nachbarschaft verbunden sind (Verkehrsaufkommen, Parkplatznot ...) nicht zu stark auf den Standort Ihrer Immobilie einwirken. Und seien Sie skeptisch, wenn das Bauvorhaben ein Kraftwerk ist, eine Wertstoffhof oder eine Feuerwache. Je nach Dichte und Wohnungsnot in einer Stadt haben auch diese notwendigen Infrastrukturen irgendwann nicht mehr so viel negative Auswirkung auf den m2-Preis, doch solange man es sich aussuchen kann, sollten diese Standorte eher sorgfältig umschifft werden. Gehen Sie also auf die Ämter – Stadtplanungsamt, Grundbuchamt – und erkundigen Sie sich über die konkreten Vorhaben. Es ist immer wichtig, gerade auch dann, wenn Ihr Haus neben einer Baulücke oder einem verwahrlosten Gebäude steht. Gibt es konkrete Bauprojekte, oder hat das existierende Gebäude Bestandsschutz, steht es unter Denkmalschutz? Dann können Sie beruhigt sein, dass die Erde nicht beben wird. Bei einer Baulücke besteht immer die Gefahr der Vibrationen und der Rissbildung im Mauerwerk, schlimmstenfalls sogar in den Fundamenten.

02. Abwägen, prüfen, auswählen

Mit der eingehenden Besichtigung haben Sie den ersten wichtigen Teil der Prüfung einer Immobilie hinter sich gebracht. Der andere wichtige – mindestens genauso wichtige! – Teil ist die Prüfung der Hausunterlagen. Hausunterlagen sind all jene Dokumente, die Ihnen der Verkäufer oder der Makler zur Verfügung stellen muss, damit Sie sowohl die rechtlichen Grundlagen der Hausgemeinschaft, also der WEG, als auch die Buchhaltung und Qualität der Verwaltung prüfen können.

  Die Dokumente, die Sie sich immer zur Prüfung vorlegen lassen sollten (und in den meisten Fällen geschieht dies per Email-Anhang von PDF-Dokumenten) sind folgende: Teilungserklärung, eventuelle Änderungen der Teilungserklärung, Protokolle der Eigentümerversammlungen (mindestens der letzten drei Jahre), Gesamtwirtschaftsplan und Einzelwirtschaftsplan, Wohngeldabrechnungen (auch der letzten drei Jahre), samt Heizkostenabrechnung im Falle einer kollektiven Zentralheizung, aktueller Stand des Rücklagenkontos, Grundsteuerbescheid, Verwaltervertrag.

     Das wesentliche, jeden Wohnungseigentümer rechtlich bindende Dokument, ist die so genannte <u>Teilungserklärung</u>.
Teilung deshalb, weil das Eigentum am gesamten Haus zu einem zurückliegenden Zeitpunkt aus dem Eigentum einer natürlichen oder juristischen Einzelperson übergegangen ist in die Summe aller partiellen Einheiten, also des Teileigentums. Für jede dieser Einheiten ist dann ein eigenes Grundbuchblatt im Grundbuch angelegt worden. Die Wohnung, der Ihr Interesse gilt, muss also zuordenbar sein anhand der Bezeichnung ihres Grundbuchblattes, die immer den Namen der Gemarkung und des Flurstücks trägt.

  Schauen Sie sich stets das Datum der Teilungserklärung an. Je länger die Teilung zurückliegt, desto mehr „Geschichte" hat die

WEG und desto mehr können Sie daran ablesen. Handelt es sich um ein jüngeres Datum, können Sie davon ausgehen, dass ein so genannter Aufteiler, also der Vorbesitzer des gesamten Hauses, dabei war oder ist, nach und nach die einzelnen Wohnungen „abzuverkaufen". Meist geschieht dies im Rahmen einer Gewinnmaximierung nach mehr oder minder eingehender Sanierung. Prüfen Sie also insbesondere, wie gerechtfertigt der aufgerufene Kaufpreis im Vergleich zu ortsüblichen m²-Preisen ist. Zudem fällt es bei einer jungen WEG schwer, das Verhalten der einzelnen Miteigentümer und ihre Bonität einzuschätzen. Bei einer WEG, die bereits lange Jahre besteht, haben sich eine gute Verwaltung, seriöse Zahlungsleistungen der einzelnen Miteigentümer und deren nicht zu unterschätzende Charaktere beweisen können – oder auch nicht.

Darüber hinaus hat das Datum der Teilung eine kapitale Bedeutung im Mietrecht. Bestehende Mietverträge genießen im deutschen Mietrecht nach einer Teilung nämlich einen Kündigungsschutz. Dieser variiert je nach Gemeinde. Sollten Sie sich also für eine Wohnung interessieren, die vermietet ist, und darauf setzen, dass Sie nach dem Kauf von Ihrem Recht auf Kündigung wegen beabsichtigter Eigennutzung der Wohnung Gebrauch machen wollen, passen Sie sehr genau auf. Klären Sie zum einen, dass der Mieter über sein Vorkaufsrecht ausdrücklich informiert worden ist und davon keinen Gebrauch machen will, zum anderen, wie das jeweilige Bundesland hier Fristen festgesetzt hat. Die Mindestschutzfrist beträgt drei Jahre nach Aufteilung und kann bis zu zehn Jahren betragen. In Berlin zum Beispiel variieren diese Fristen je nach Bezirk. In jedem Falle gilt hier das Recht des Mieters mehr als das Recht des Eigentümers auf Eigenbedarf! Ersparen Sie sich also durch gute Prüfung ein baldiges böses Erwachen.

Der Teilungserklärung liegt die Abgeschlossenheitsbescheinigung zugrunde, also jenes Dokument, in dem von der Bauaufsichtsbehörde die räumliche Abgrenzung der einzelnen Wohnungen voneinander bescheinigt wird. Die Teilungserklärung regelt dann das Verhältnis der Miteigentümer untereinander und auch, welche Bestandteile des Hauses dem Sondereigentum und welche dem Gemeinschaftseigentum unterliegen. Für Belange, die in der Teilungserklärung nicht explizit geregelt sind, gilt das Wohnungseigentumsgesetz, das in seiner Abkürzung auch WEG genannt wird. Vorsicht also mit der Unterscheidung zur Wohnungeigentümergemeinschaft (eben auch WEG).

Grenzfälle der Zuordnung sind zum Beispiel die Fenster oder Wohnungseingangstüren. Prinzipiell gilt, dass die Außenseiten Gemeinschaftseigentum, die Innenseiten Sondereigentum sind.

Lesen Sie sich die gesamte Teilungserklärung aufmerksam durch, selbst wenn Ihnen das Juristen-Deutsch nicht leicht zugänglich sein sollte. Die prinzipiellen Ideen sind jedoch immer verständlich. Wobei gesagt sein muss, dass es hier oft auf Kommata und spezifische Ausformulierungen ankommt, wie „ausschließlich", „nicht zwingend" oder „vorwiegend". Prüfen Sie zunächst, dass die Angabe des Grundbuchblatts mit den Referenzen der von Ihnen ins Visier genommenen Wohnung übereinstimmen. Sie werden zu Anfang der Teilungserklärung eine Auflistung aller Einheiten finden, mit laufenden Nummern, der Angabe der Lage im Haus, der m²-Zahl und der zugeordneten Miteigentumsanteile (MEA). Diese Miteigentumsanteile werden meistens in 1.000stel oder 10.000stel ausgedrückt. Daran lässt sich ohne jede weitere Auskunft zu einer Wohnung in einem Gebäude ablesen, wie viel Grundfläche eine Wohnung einnimmt. Würden Sie mir sagen, dass Ihre zukünftige Wohnung 281/1.000 MEA hat, so wüsste ich, dass es sich entweder um eine sehr große Einheit in einem mittleren Haus handelt, z.B. eine Maisonnette-Wohnung über 3 Etagen, oder aber bei etwa gleich großen Wohnungen wahrscheinlich um ein 4-Parteien-Haus. Denn der Miteigentumsanteil beträgt mehr als ein Viertel, weniger als ein Drittel der Gesamtfläche. Viele Erstkäufer achten nicht auf diese Zahl. Sie ist aber von wesentlicher Bedeutung, vor allem von wirtschaftlicher. Denn Sie werden quasi sämtliche für das Haus anfallenden Kosten in diesem MEA-Verhältnis tragen müssen, sei es die neue Dacheindeckung, das Verputzen der Fassade, die Kellersanierung oder, in kleinerem aber regelmäßigem Umfang, das monatliche Hausgeld. Der Einfachheit halber rechne ich die Miteigentumsanteile immer in Prozente um, denn so sind wir es gewohnt zu rechnen. Damit werden die Zahlen greifbar. Die Wirtschaftlichkeit Ihrer Wohnung wird also immer abhängig sein von der Größe des Hauses und der Größe Ihrer Wohnung im Verhältnis zum Haus. Zur Veranschaulichung: Stellen Sie sich zu jeder Seite einer Straße ein Mehrfamilienhaus vor mit je zwei Wohnungen pro Etage. Die Wohnungen in jedem der beiden Häuser sind gleich groß, umspannen also dieselbe Gesamtgrundfläche. Das eine Haus besteht aus dem Erdgeschoss, einer ersten Etage und dem unausgebauten Dach. Das andere Haus besteht aus dem Erdgeschoss, vier Etagen und dem ausgebauten Dach als 5. Etage. Das kleine Haus gefällt Ihnen sehr, es sieht gemütlich aus, so überschaubar. Aber Sie werden ¼ des Gesamteigentums besitzen (also 250/1.000) – und dafür, nach der einmaligen Zahlung des Kaufpreises, stets aufkommen müssen. Im anderen Haus, in dem sich 12 gleich große Wohnungen befinden, werden Sie nur 1/12 des Gemeinschaftseigentums besitzen (also 83,3/1.000). Nun ist aber das Dach beider Häuser gleich groß. Bei Reparaturkosten von 10.000 € zahlen Sie im einen Fall 2.500,- €, im anderen lediglich 883,- €. Mein Rechenexempel ist natürlich etwas schematischer als die Realität, denn das größere Haus verfügt über eine wesentlich größere

Fassadenfläche. Doch können Sie davon ausgehen, dass bei gleicher Wohnfläche der reell zu zahlende Anteil (Hausgeld, Instandhaltung, Sanierung) in einer großen WEG für Sie niedriger sein wird als in einer kleinen. Zumal bei Zahlungsunfähigkeit eines Miteigentümers der Ausfall in einer großen WEG die anderen Eigentümer, also auch Sie, verhältnismäßig weniger in Mitleidenschaft zieht.

Nicht uninteressant sind die jeder Wohnung zugeordneten Keller und Garagen-/Stellplätze. Hier unterscheidet man zwischen dem Sondernutzungsrecht und dem Sondereigentum. Bei Sondernutzungsrecht befinden sich diese weiteren Flächen im Gemeinschaftseigentum. Jeder Wohneinheit wird lediglich das exklusive Nutzungsrecht eines Kellers oder eines Stellplatzes zugeschrieben. Im anderen Fall befindet sich die Fläche quasi als Erweiterung der Wohnung im Sondereigentum. Praktisch macht dies aber keinen Unterschied. Es sei denn – was bei Kellern selten ist, bei Stellplätzen aber häufiger vorkommt – diese Flächen verfügen über ein separates Grundbuchblatt. Dies bedeutet nämlich, dass Sie den Stellplatz irgendwann einmal separat verkaufen könnten – oder vermieten, ohne Rücksprache mit der Eigentümergemeinschaft.

Ich werde hier nicht auf alle Details der Teilungserklärung eingehen können, möchte Sie aber für einige wichtige Punkte sensibilisieren. Prüfen Sie, ob für Ihre Wohnung eine grundbuchliche Einschränkung existiert. Im Falle von Einfamilienhäusern auf eigenen Grundstücken kann sich dies in einem Wegerecht ausdrücken (der Nachbar, der nur über Ihre Einfahrt zu seinem weiter hinten gelegenen Grundstück gelangen kann). Bei einer Wohnung in einer WEG mag dies zum Beispiel der Fall sein bei Wohnungen in der letzten Etage vor dem unausgebauten Dach. Die einzige Luke für die Wartung des

Dachbodens befindet sich manchmal nicht auf dem Hausflur im Treppenhaus, sondern in einer der Wohnungen. Dann müssen Sie für Wartungsarbeiten Zugang gewähren und dürfen nichts an der Luke verändern!

Das andere Stichwort ist: der unausgebaute Dachboden. Gerade in Ballungsräumen werden solche Dachrohlinge als begehrte Ware – zur Umwandlung in Wohnraum – gehandelt. Sieht die Teilungserklärung einen solchen zukünftigen Ausbau des Dachbodens als Wohnfläche bereits vor? Was ist dort geregelt, und vor allem, wie? Denn alle Rechte, die dem Eigentümer des Dachbodens für den Ausbau und die Umwandlung in der Teilungserklärung zugestanden werden, können Sie nicht mehr beeinflussen. Darf der jeweilige Dach-Eigentümer zum Beispiel einen Aufzug bauen? Dies würde bedeuten, dass Sie es hinnehmen müssten, wenn plötzlich vor Ihrem Hoffenster, ob nun Wohnzimmer oder Bad, ein Aufzugsschacht stehen würde. Wer trägt die Kosten der Neuberechnung der MEA, also der Änderung der Teilungserklärung (es entsteht durch den Ausbau mehr Wohnfläche, also werden sich Ihre MEA entsprechend verringern)? Wenn Sie Zweifel zum Verständnis einzelnen Positionen haben, bitten Sie den Makler um Erklärung oder, sofern diese Punkte Ihre Kaufentscheidung als solche nicht beeinträchtigen, spätestens den Notar.

Hier sei vorausgegriffen: Im notariellen Kaufvertrag wird üblicherweise auf die Teilungserklärung verwiesen und festgestellt, dass dem Käufer der Inhalt der Teilungserklärung vollumfänglich bekannt ist und der Notar deshalb auf das Verlesen und die Einbeziehung der Teilungserklärung in den Kaufvertrag verzichtet. Dies sind Formulierungen, die man schnell überliest und denen man keine weitere Bedeutung beimisst, wenn man nicht informiert und aufgeklärt zur Unterzeichnung schreitet.

Planen Sie, in Ihrer neuen Wohnung auch zu arbeiten, so sollten

Sie darauf achten, was die Teilungserklärung hierzu sagt. Prinzipiell kann Ihnen die freiberufliche Tätigkeit in Ihren eigenen vier Wänden nicht untersagt werden, auch wenn es meist der Zustimmung des Verwalters bedarf. Doch handelt es sich hier eben eher um eine Formalie. Die Problematik entsteht erst dann, wenn durch Ihre Tätigkeit der Hausgemeinschaft, die nur aus zu Wohnzwecken dienenden Räumen besteht, unzumutbare Folgen aufgebürdet werden, also etwa reger Publikumsverkehr (Kunden, die tagein tagaus den Aufzug benutzen, das Treppenhauslicht anschalten und die Hauseingangstür vielleicht offen stehen lassen werden). Haben Sie aber lediglich vor, Ihr Büro oder Ihre Arbeitsstätte als Einzelkämpfer zuhause zu betreiben, so brauchen Sie sich nicht zu sorgen. Wenn Sie die Formalie respektieren wollen, informieren Sie den Hausverwalter nach dem Kauf und vor Ihrem Einzug.

Interessieren Sie sich für eine Ladeneinheit, so werden Sie die Räumlichkeiten in der Teilungserklärung mit „Gewerbeflächen" oder „nicht zu Wohnzwecken dienende Flächen" ausgewiesen sehen. Hier können Sie nicht nur bedenkenlos einer freiberuflichen, sondern ausdrücklich einer gewerblichen Tätigkeit nachgehen. Vorsicht ist aber immer geboten, wenn durch Ihre Tätigkeit Lärm oder Abluft und Gerüche entstehen. Lassen Sie dieses Frage im Vorfeld gegebenenfalls von einem Anwalt oder Notar prüfen.

Genau andersherum verhält es sich aber, wenn Sie eine Gewerbefläche in Wohnraum oder auch nur in Teilgewerbe (zur Nutzung teils als Gewerbe, teils als Wohnraum) umwandeln möchten. Hier greifen zum einen kommunale Regelungen, die besonders in Ballungsgebieten eine solche Umwandlung oft positiv bewerten (sofern sich das Objekt nicht in einem reinen Gewerbegebiet befindet). Sie können von den Behörden zumindest einen Vorbescheid erbitten. Steht allerdings in der Teilungserklärung „nicht zu Wohnzwecken dienend", so bedürfen Sie in jedem Fall der Zustimmung der WEG, weil dies eine Änderung der Teilungserklärung mit sich ziehen würde. Im Klartext: Die Garantie zu einer solchen Umwandlung kann Ihnen vor dem Kauf niemand geben, denn sie müsste über die Einberufung einer außerordentlichen Eigentümerversammlung eingeholt werden. Und dabei die Zustimmung aller Miteigentümer erfahren! Wenn Ihnen am Kauf gelegen ist, wenn Zeit bleibt und der Verkäufer seriös an Sie verkaufen möchte, kann er selbst vor dem Kaufvertragsabschluss diese Änderung versuchen herbeizuführen, oder Sie lassen diesen Punkt als aufschiebende Bedingung mit in den Vertrag aufnehmen, der dann also nur bei Erfüllung dieser Bedingung rechtskräftig würde. Somit hätten Sie rechtliche Sicherheit.

Änderungen der Teilungserklärung
Fragen Sie nach, ob es Änderungen gegeben hat. Sie müssen dann separat ausgewiesen werden und bilden eine eigene notarielle Urkunde. In den häufigsten Fällen handelt es sich bei Änderungen um nachträgliche Umrechnungen der Miteigentumsanteile im Rahmen eines Dachausbaus, um Anbauten von Balkonen oder Ausbauten von Dachterrassen. Wichtig ist, dass Sie den neuen, auch auf den Abrechnungsunterlagen auftauchenden MEA wiederfinden.

Protokolle der Eigentümerversammlungen
Die Teilungserklärung und das Wohnungseigentumsgesetz sehen vor, dass mindestens eine ordentliche Wohnungseigentümerversammlung im Jahr stattfinden muss. Lassen Sie sich die letzten drei, wenn möglich auch weiter zurückreichende, vorlegen. Fragen Sie auch nach Protokollen eventueller außerordentlicher Versammlungen. Denn dort werden meist die konfliktgeladeneren Themen behandelt, die ein Verkäufer beim Weiterverkauf vielleicht nicht so gerne offenlegt. Aus den

Protokollen lassen sich wertvolle Informationen ablesen: Wie sieht es mit der Anwesenheit der Miteigentümer aus? Waren die meisten anwesend oder vertreten, oder weder anwesend noch vertreten? War das nur in einem Jahr so, oder lässt sich eine Kontinuität ablesen? Im Falle nämlich, dass die erforderliche Mindestzahl der anwesenden oder vertretenen MEA nicht gegeben ist (mindestens die Hälfte + 1 Stimme), sieht das Gesetz vor, dass diese Versammlung dann nicht stattfinden darf, im Zuge aber automatisch eine neue Versammlung 30 Minuten später einberufen werden kann, ohne dass es hierzu einer erneuten Einladung bedarf (für die erste Einladung gilt eine Mindestfrist von 14 Tagen im Voraus!). Sollten Sie solch eine Situation über mehrere Jahre ablesen können, weist das höchstwahrscheinlich auf keine sehr gesunde Situation der WEG hin. Denn dann wurden Beschlüsse gefasst, die weniger als die Hälfte der Eigentümer rechtsgültig für alle Eigentümer getroffen haben. Dies wiederum ist dann das Zeichen, dass einem Großteil der Miteigentümer egal ist, was in der Gemeinschaft geschieht. Und solch eine Haltung hat man, wenn man ohnehin keine Hausgelder mehr bezahlt, oder aber, wenn man alle finanziellen Folgen der Beschlüsse problemlos bewältigen kann. Doch auch hier gilt: Ein verantwortungsbewusster Miteigentümer kümmert sich, und sei es nur, um seine Kapitalanlage zu optimieren.

Ferner können Sie aus den Protokollen erfahren, welche Instandhaltungsmaßnahmen in den letzten Jahren durchgeführt wurden. Wenn es sich um grundlegende und umfassende Maßnahmen gehandelt hat, so zögern sie nicht, das Abnahmeprotokoll oder auch das Leistungsverzeichnis der ausführenden Firmen beim Hausverwalter anzufordern.

 Wichtig sind insbesondere auch jene Maßnahmen, die bereits zwei oder drei Jahre hintereinander auf der Tagesordnung standen, über die aber nie entschieden wurde. Dies deutet darauf hin, dass es zum einen den konkreten Bedarf an der Bausubstanz gibt, zum anderen aber die Mehrheit der Eigner die Dringlichkeit nicht sieht, oder mangels Finanzen nicht sehen will. Es ist aber davon auszugehen, dass die entsprechende Maßnahme immer dringlicher werden wird und dann von Ihnen als neuem Miteigentümer mitgetragen werden muss. Als Grundsatz gilt: Alle bereits votierten Maßnahmen, auch wenn Sie noch nicht finanziert wurden durch Sonderumlagen (also Sparbeträge, die jeder Miteigentümer in Proportion seiner MEA leisten muss), sind vom Verkäufer zu tragen. Stichtag ist das Datum des Kaufvertrags. Findet eine Eigentümerversammlung zwischen dem Datum des Kaufvertrags und der Kaufpreiszahlung statt und werden Maßnahmen gerade dann votiert, so sind Sie als zukünftiger Eigentümer dafür verantwortlich (weil Ihnen üblicherweise bereits das Präsenz- und Wahlrecht vom Verkäufer übertragen worden ist). Vorsicht allerdings bei vagen Formulierungen ohne Angabe von konkreten Summen und Zahlungszielen wie „Die WEG beschließt die Sanierung des gesamten Daches im kommenden Jahr." Hier handelt es sich dann eher um eine Absichtserklärung und der Verkäufer wird Ihnen nichts zahlen, wenn Sie als neuer Eigentümer im Jahr der Durchführung der Dachsanierung zur Kasse gebeten werden. Damit noch der Verkäufer rechtskräftig zahlungsverpflichtet ist, müssen die Summen und Daten festgelegt worden sein, selbst wenn diese Daten nach dem Kaufvertragsabschluss und der Wohnungsübergabe liegen sollten. Doch dann wird der Verkäufer die entsprechenden Summen wohl im Kaufpreis berücksichtigt haben.

 Ein weiterer wesentlicher Punkt, der aus den Protokollen ablesbar ist, ist die Bonität – oder auch fehlende Bonität – eines oder mehrerer Miteigentümer. Sie werden unter Umständen erkennen können, dass Miteigentümer XY seit geraumer Zeit seiner Verpflichtung zur Zahlung des Hausgeldes nicht nachkommt, dass diesbezüglich die WEG einen Rechtsanwalt beauftragt hat, womit hierfür Kosten entstanden sind und weitere entstehen werden, dass womöglich eine Zwangsvollstreckung bevorsteht. Dies muss nicht zwingend ein Grund gegen den Kauf einer Wohnung in dieser WEG sein. Aber Sie sollten sich die Sache dann besonders genau ansehen, mit dem Verwalter und eventuell anderen Miteigentümern sprechen, vom Verkäufer oder Makler genaue Auskünfte einfordern, und sich vielleicht auch rechtlich beraten lassen. Denn säumige Zahler erhöhen im Endeffekt die monatlichen Belastungen der anderen Miteigentümer. Schließlich fallen die Gesamtkosten ja weiterhin an, können aber nur auf einen geringeren Anteil der Miteigentümer umgelegt werden bzw. von ihnen eingezogen werden. Deshalb verlangen auch manche Verwalter eine Einzugsermächtigung über Ihr Konto in Höhe des monatlichen Hausgeldes. Man mag sich hierüber aufregen oder so etwas prinzipiell nicht wollen, aber Sie sehen, dass Sie auf der anderen Seite auch davon profitieren, weil somit ein leichterer Zugriff auf die Gelder aller Miteigentümer gewährleistet ist.

Doch auch dies stellt im Falle einer Zahlungsunfähigkeit oder bei mangelndem guten Willen keine Garantie dar!

Sie können anhand der Unterschriftenliste auf den Protokollen auch feststellen, wie viele Eigennutzer im Haus wohnen. Einen expliziten Vermerk dazu gibt es nicht. Allerdings können Sie die Namen mit den Namen auf den Klingelschildern abgleichen. Fehlende Namen weisen auf Leerstand hin, Namen, die auch auf der Präsenzliste der Protokolle zu finden sind, auf Eigennutzer. Ferner erhalten Sie durch diese Liste auch Klarheit darüber, ob es einen Mehrheitseigner gibt. Manche Beschlüsse einer WEG bedürfen der einfachen Mehrheit (also 50 % + 1 Stimme), andere der 2/3-Mehrheit oder der qualifizierten Mehrheit (75 % der Eigentümer pro Kopf gerechnet UND mindestens 50% der

MEA). Da ist es gut zu wissen, ob ein einziger Miteigentümer Mehrheiten alleine aufbringen könnte. Für sehr einschneidende Beschlüsse allerdings bedarf es der Einstimmigkeit. Somit sind Sie auf der sicheren Seite. Mit Ihrer Stimme könnten Sie diese Beschlüsse blockieren. Vorsicht ist allerdings geboten, wenn der ursprüngliche Aufteiler, also der einstige Eigentümer des ganzen Hauses, noch Mehrheitseigner ist. Oft lassen diese Aufteiler die Teilungserklärung sehr zu ihrem eigenen Vorteil ausfeilen, verkaufen dann fast die Hälfte der durch die Teilung entstandenen Eigentumswohnungen, um sich zu refinanzieren, und halten dennoch just so viele restliche Anteile, dass sie gewisse Beschlüsse leicht oder leichter durchsetzen oder aber verhindern können. Zudem handeln manche dann weiter so, als würde ihnen noch das gesamte Haus gehören. Oftmals setzen sie sich selbst, oder eine Unterfirma, als Hausverwalter ein. Konkurrenzkonflikte werden somit umgangen und die Konflikte potenziell auf die anderen Miteigentümer abgewälzt. Schauen Sie sich die Lage also genauer an, wenn es sich beim besichtigten Objekt um eine derartige Konstellation handeln sollte!

Gesamtwirtschaftsplan und Einzelwirtschaftsplan
Diese Dokumente sind die Finanzplanung der WEG, aufgestellt und vorgeschlagen von der Hausverwaltung. Hier wird im Voraus für die Hausgemeinschaft der Gesamtbedarf an finanziellen Mitteln fürs laufende Kalenderjahr ermittelt, größtenteils basierend auf den Erfahrungswerten des Vorjahres. Planung und Abrechnung erfolgen zeitversetzt. Im Laufe des Jahres 2015 wird der Wirtschaftsplan 2015 beschlossen und rückwirkend zum 1. Januar korrigiert (also Nachzahlungen oder Rückzahlungen von Hausgeld). Ebenso wird das Jahr 2014 buchhalterisch abgeschlossen und auch hier kann es dann für jeden einzelnen Miteigentümer zu Ausgleichszahlungen kommen.

Viele Hausverwaltungen fassen beide Zahlenwerte für Gesamt- und Einzelwirtschaftsplan in einem einzigen Dokument zusammen. Sie sehen also in der einen Spalte den Gesamtbedarf der WEG, dem gegenüber stehen die für Sie relevanten Anteile, meist ausgedrückt als Summe fürs Jahr und als Summe für den Monat. Aus der Addition der Beträge ergibt sich die Höhe des von Ihnen zu leistenden Hausgeldes.

Im Gesamtwirtschaftsplan als eigenes Dokument stehen die Werte vom Vorjahr den Werten vom laufenden Jahr zum Vergleich gegenüber. Oft wird auch vom Vorjahr unterschieden zwischen den im vorherigen Wirtschaftsplan geschätzten und den dann reell angefallenen und abgerechneten Werten. Somit lassen sich leicht Kostenerhöhungen oder -senkungen erkennen.

Es wird unterschieden zwischen umlagefähigen und nicht umlagefähigen Kosten. Umlagefähig bedeutet, was im Falle einer Vermietung dem Mieter als Nebenkostenvorauszahlung berechnet werden darf. Wenn Sie gegenwärtig Mieter sind, nehmen Sie sich Ihre Nebenkostenabrechnung zur Hand und schauen Sie sich die einzelnen Positionen an. Sie werden dort je nach Situation folgende Ausgabenpositionen sehen: Straßenreinigung/Müllabfuhr, Schneebeseitigung, Recycling, Hausreinigung, Gartenpflege, Beleuchtung (Treppenhaus, Keller), Niederschlagswasser, Schornsteinreinigung, Versicherungen, Hauswart, Breitbandkabelnetz ... Also vorwiegend Verbrauchskosten. In manchen Häusern wird auch noch die Grundsteuer über das Hausgeld abgerechnet. Ansonsten erfolgt das direkt über den Eigentümer.

Wechseln Sie also nun den Status hin zum Wohnungseigentümer, so werden Sie dieselben Kosten zu tragen haben, aber zusätzlich auch die nicht umlagefähigen, die gegenwärtig Ihr Vermieter trägt (was also in seiner Rechnung von der von Ihnen gezahlten Kaltmiete abgezogen werden muss, um seinen aktuellen Reingewinn vor Steuern zu ermitteln).

Als angehender Eigentümer schauen Sie sich somit diese zusätzliche Position besonders genau an. Sie besteht im Wesentlichen aus dem Anteil der Zuführungen zum Rücklagen- oder Instandhaltungskonto und den Verwaltergebühren, den Kontoführungsgebühren und eventuellen punktuellen Rechtsanwalts- oder Notarkosten.

Oft separat ausgewiesen, verbraucht und bezahlt vom jeweiligen Nutzer werden die Wasserkosten, unterschieden in Wasserversorgung (also Trinkwasser) und Entwässerung. Hierbei handelt es sich immer um Kaltwasser! Dies ist für Ihre Prüfung ein wichtiger Posten. Denn er ist verbrauchsabhängig und damit teils erheblichen Schwankungen ausgesetzt. Ebenso verhält es sich mit Heizkosten und Kosten für die Warmwasseraufbereitung im Falle eines Hauses mit Zentralheizung. Schauen Sie sich immer diese Summen im Detail an. Sie können beispielsweise die Angaben aus Exposés verschiedener Wohnung nur realistisch und verlässlich vergleichen, wenn Sie die Detailsummen der Wohngeldabrechnungen kennen. So kann bei gleicher Wohnfläche Wohnung A mit 200 € monatlichem Hausgeld unter Umständen günstiger liegen als Wohnung B mit einem ausgewiesenen Hausgeld von 120 €. Warum? Weil es sich bei Wohnung B um eine Gasetagenheizung handelt, Sie also den Verbrauch für Heizung und Warmwasser hinzurechnen müssen (demnach also auch die Wartungskosten der jährlichen Pflichtwartung). Zudem wurde Wohnung B vom Vorbesitzer vielleicht nur als Ferienwohnung genutzt. Somit lag der Kaltwasserverbrauch (und entsprechend das Volumen der Wasserentsorgung) nur bei einem Bruchteil eines reellen Durchschnittsverbrauchs. Hinterfragen Sie also immer die Höhe, insbesodnere die variable Höhe des Hausgeldes und lassen Sie sich dafür die Nachweise vorlegen!

Stichwort Heizung: Natürlich sollten Sie bei all den anderen bereits komplexen Entscheidungskriterien und in Anbetracht der knapperen Entscheidungsfreiheiten bei geringen Mitteln Ihren Kauf einer konkreten Wohnung nicht davon abhängig machen, ob sie mittels einer Gasetagenheizung oder einer kollektiven Zentralheizung beheizt wird. Doch die Unterschiede anzuschauen und Vor- und Nachteile abzuwägen ist sinnvoll.

Bei einer Gasetagenheizung (in Anzeigen und Exposés oft abgekürzt als GEH) sind Sie unabhängig von Nachbarn, unabhängig von der Jahreszeit, Sie heizen, wie Sie wollen, wann Sie wollen. Sie alleine kontrollieren Ihren Verbrauch. Aber Sie haben auch alleine die Kosten zu tragen für die Wartung der Therme oder eventuell ihren Austausch, also die Anschaffung einer komplett neuen Therme. Zudem, sollten Sie während der Wintermonate längere Zeit nicht da sein, kann von außerhalb der Wohnung nichts an der Temperatur geregelt werden. Kommt es zum Beispiel zu einer Reparatur an den Gasleitungen im Keller und muss hierzu die Gaszufuhr für ein paar Stunden unterbrochen werden, so macht das Ihren Nachbarn nichts aus: Sie haben den Aushang gelesen und schalten ihre Thermen nach dem Eingriff wieder an. Aber Ihre Therme wird je nach Modell nicht wieder von alleine anspringen, wenn zuvor die Gaszufuhr plötzlich gestoppt wurde. Dann kann es unter Umständen passieren, dass die von Ihnen so wunderbar vorsorglich eingestellte Antifrost-Regelung nicht mehr funktioniert, die Wohnung auskühlt und bei tiefen Minusgraden das stehende Wasser in den Rohren friert und es schließlich zu platzenden Rohren und zu einem beachtlichen Wasserschaden kommt.

Diese Gefahr besteht bei einer kollektiven Zentralheizung nicht. Solange die Thermostate der Heizkörper auf Antifrost positioniert sind, kann alles andere vom Heizungskeller aus gesteuert werden. Sie tragen im Falle einer Kollektivheizung auch nur anteilig die Wartungskosten, die bereits in Ihrem Hausgeld eingerechnet sind. Kommt es zum Austausch einer Heizungsanlage, so zahlen Sie ebenso nur anteilig, allerdings liegt auch der Preis entsprechend höher, da es sich um viel größere und leistungsstärkere Anlagen handelt. Der wesentliche ökonomische Unterschied dürfte aber in der jährlichen Abrechnung liegen. Hier werden Teile des Verbrauchs anhand der abgelesenen Werte an den Zählern der Heizkörper berechnet, der Rest auf die m²-Fläche oder die MEA jeder Wohnung umgelegt. In der Regel in einem Verhältnis von 70:30. In manchen Häusern aber auch zu 60:40, oder sogar 50:50. In anderen WEGs wieder wird auch berücksichtigt, von wie vielen Personen eine Wohnung bewohnt wird. Und kleinere Hausgemeinschaften wiederum berechnen den Verbrauch sogar zu 100 % nach Miteigentumsanteilen oder Fläche, was Sie benachteiligt, wenn Sie sparsam heizen. Es gilt als Grundregel: Je größer die Wohnungsfläche im Verhältnis zur Gesamtfläche aller Wohnungen und je weniger Personen diese Wohnung nutzen, desto unvorteilhafter ist eine solche Zentralheizung. Sie mögen nämlich nur die Wohnküche heizen, ab und an das Bad, im Schlafzimmer nur konstante 15° halten: Auch für die ungeheizten Räume zahlen sie über die m²-Umlage mit! Allerdings profitieren Sie immer davon, dass Ihre Nachbarn, sofern sie heizen, auch Teile Ihrer Wände, Böden und Decken mitheizen – von der anderen Seite. Somit ist es vom Prinzip ein gerechtes Abrechnungsverfahren, aber manchmal eben nur vom Prinzip...

<u>Auszug aus dem Rücklagenkonto</u>
Eine WEG spart regelmäßig Rücklagen an. Hierzu ist sie gesetzlich verpflichtet. In vielen Teilungserklärungen wird hierauf auch noch explizit verwiesen. Die Rücklagen dienen dazu, anstehende bauliche Maßnahmen durchführen zu können. Unterschieden wird zwischen Instandhaltungsmaßnahmen und Sanierungen. Das eine ist also die Pflege, das andere die komplette Erneuerung. Das Rücklagenkonto wird vom

Hausverwalter treuhänderisch verwaltet. Bestehen in einer WEG hohe Rücklagen bei gleichzeitig fehlenden größeren Ausgaben, so legt ein guter Verwalter gerne Teile des Geldes zu einem höher verzinslichen Satz an, den anderen Teil behält er als schnell flüssig verfügbare Masse auf einem Giro- oder Tagesgeldkonto bei.

Als Kaufinteressent sollten Sie sich während der Prüfungsphase immer einen Auszug des Rücklagenkontos vorlegen lassen. Aus den meisten Wohngeldabrechnungen, die aber teils fast ein Jahr alt sein können, lässt sich dieser Kontostand auch ablesen. Viele Verwalter sind – zu Recht – zögerlich, diese Daten herauszurücken. Bitten Sie dann den Eigentümer oder Makler zumindest darum, beim Verwalter einen Zweizeiler per Mail anzufordern, in dem gerundet der aktuelle Kontostand verbindlich mitgeteilt wird.

Der Verkäufer hat kein Anrecht auf Auszahlung des Anteils, der über die MEA der entsprechenden Wohnung zugeordnet ist. Befinden sich beispielsweise 50.000 € im Rücklagenkonto und entfallen auf die von Ihnen auserkorene Wohnung 25/1000 MEA, also 2,5 %, so „gehören" zu der zu verkaufenden Immobilie auch 2,5 % von 50.000 €, demnach 1.250 €. Diese Information ist für Sie wichtig, denn Sie wissen somit, dass im Falle einer bald anstehenden Maßnahme eine eventuell ausreichende Rücklage vorhanden ist und Sie zunächst nicht zusätzlich zum laufenden Hausgeld via Sonderumlage zur Kasse gebeten werden!

Grundsteuerbescheid
Sofern die Grundsteuer nicht über die Hausverwaltung abgerechnet wird, erscheint sie auch nicht als einer der Posten im Hausgeld. Sie benötigen dann eine Kopie des letzten Grundsteuerbescheids direkt vom Makler oder Verkäufer. Meistens wird die Grundsteuer pro Vierteljahr erhoben.

Allerdings kann auch die Bezahlung als Jahresbetrag gewählt werden. Versichern Sie sich also, um welchen Betrag es sich bei der ausgewiesenen Summe handelt. Manchmal muss es bei einem Verkauf auch schnell gehen, insbesondere wenn Sie bereits alle anderen Papiere und die Immobilie selbst eingehend geprüft haben. Verpassen Sie daher nicht eine gute Gelegenheit, nur weil der Grundsteuerbescheid oder auch der Verwaltervertrag noch nicht vorliegen. Es sind informative Unterlagen. Auch wenn es zwischen einzelnen Kommunen für vergleichbare Wohnflächen und Lagen teils große Unterschiede in den Summen gibt, wird diese Aufwendung Sie nicht ruinieren. Meist liegt die jährliche Grundsteuer in derselben Höhe wie der monatlichen Hausgeldbetrag.

Zahlungsverpflichtet ist immer jener Eigentümer, der zum Stichtag des 1. Januar im Grundbuch eingetragen war. Prinzipiell gilt, dass der Anteil, der auf die verbleibenden Monate ab Kaufvertragsunterzeichnung entfällt, zu Lasten des Käufers geht. Diese Regelung kann Teil des Kaufvertrages sein, oder außervertraglich vereinbart werden. Da es sich im Verhältnis aber meist um geringe Summen handelt, bestehen viele Verkäufer nicht auf der Ausgleichszahlung.

Sofern Sie zwei oder mehrere besichtigte und geprüfte Wohnungen miteinander vergleichen möchten, um Ihre Entscheidung für oder gegen den Kauf einer bestimmten Immobilie zu treffen, ist es sinnvoll, die Grundsteuer umgelegt als Monatsbetrag dem Hausgeld hinzuzuschlagen. Somit erhalten Sie verlässlichere Vergleichswerte.

Verwaltervertrag
Bitten Sie auch um eine Kopie des Verwaltervetrags, der meist ebenfalls in Form eines PDFs verfügbar ist. Sie können zwar nichts mehr an diesem Vertrag ändern, der ohnehin in den meisten Fällen ein mehr oder minder an die Gegebenheiten

angepasster Standardvertrag ist, doch Sie werden sich im Kaufvertrag legal dazu verpflichten, in diesen Vertrag einzusteigen und bestätigen, dass Sie Kenntnis von seinem Inhalt genommen haben. Besser also, Sie wissen, worum es sich handelt.

Der Verwaltervertrag regelt Rechte und Aufgaben des Hausverwalters, der von der Eigentümergemeinschaft auf einer Eigentümerversammlung durch Wahl bestellt wird. In der Regel für die Dauer von 5 Jahren. Der Verwalter erhält ein Honorar, das zu gleichen Teilen auf alle Miteigentümer umgelegt wird. Hier macht es also keinen Unterschied, ob Ihre Wohnung 30 oder 300 m² misst. Schließlich ist für den Verwalter jede Einheit verwaltungstechnisch mit dem gleichen Aufwand verbunden. Sie finden den Betrag demnach in der Hausgeldaufstellung unter der Rubrik nicht umlagefähige Kosten. Wichtig: Sofern Sie die gekaufte Wohnung nicht selbst nutzen, sondern vermieten möchten, können Sie den Verwalter auch mit der Verwaltung Ihres Sondereigentums betrauen, gegen separate Bezahlung. Sein eigentliches Verwalterhonorar betrifft lediglich die (buchhalterische) Verwaltung der Einheit als Teil des Gemeinschaftseigentums, und die Verwaltung eben jenes Gemeinschaftseigentums. Soll sich der Verwalter aber auch um die Vermietung und die Kommunikation mit dem Mieter kümmern, so sprechen wir von der Verwaltung des Sondereigentums. Dies sollten Sie also in Ihren Berechnungen berücksichtigen! In den meisten Fällen handelt es sich bei dem Honorar für diese Zusatzaufgaben um etwa denselben Betrag wie für die Grundverwaltung.

Im Verwaltervertrag können Sie die Aufgaben nachlesen, für die der Verwalter beauftragt wurde. Im Regelfall ist die Vorbereitung und das Abhalten der jährlichen zwingend vorgeschriebenen ordentlichen Eigentümerversammlung im Honorar inbegriffen. Der Verwalter kann Zusatzhonorare geltend machen, wenn er von der Eigentümergemeinschaft beauftragt wird, z.B. die

Sanierungsarbeiten am Haus zu koordinieren und zu überwachen. Jedem Miteigentümer steht es auch offen, den Verwalter mit der Einberufung einer außerordentlichen Eigentümerversammlung zu beauftragen, so etwa um eine dringende Baumaßnahme von den Miteigentümern genehmigen zu lassen. Hierfür wird der Verwalter eine separate Gebühr in Rechnung stellen, und zwar nur dem beantragenden Miteigentümer. Die Honorarliste sollte dem Vertrag anhängig sein.

Der Verwalter ist verpflichtet, die Gelder der Hausgemeinschaft treuhänderisch zu verwalten, und zwar auf einem separaten Konto auf den Namen der Hausgemeinschaft. Ferner ist wichtig, dass der Verwalter eine Berufshaftpflichtversicherung für sich selbst abgeschlossen hat.

Apropos Versicherung: Es ist auch der Verwalter, der dafür Verantwortung trägt, die Eigentümergemeinschaft und die Immobilie zu versichern, also durch eine Haftpflicht-, Gebäude- und Brandschutzversicherung.

All diese Belange und einiges mehr sind im Verwaltervertrag geregelt, den Sie bei Ihren Unterlagen abheften sollten. Nochmals: Diese ausführliche Prüfung sollten Sie sich nur dann die Mühe machen einzugehen, wenn Sie sich tendenziell bereits für die Wohnung entschieden haben und nur noch der Sicherheit halber diese Details durchgehen möchten. Bei einer ersten Besichtigung werden Sie niemanden finden, der Ihnen auch den Verwaltervertrag wird vorlegen können!

<u>Abwägen also heißt das Zauberwort</u>, und noch zaubervoller ist ein anderes: Entscheiden!

Meine eigene Erfahrung hat mir gezeigt, dass es selten, sehr selten so weit kommt, am Ende des Besichtigungs- und Prüfprozesses zwischen zwei oder gar drei Wohnungen zu entscheiden zu haben. Meist gibt es für jene Objekte, die nicht in die Endrunde kommen, sehr schnell augenscheinliche Gründe, weshalb sie eben nicht die passende Bleibe sind. So filtert sich eher eine nach der anderen Wohnung heraus, bis zum Schluss nur noch eine einzige übrig bleibt, die es dann genauer zu beäugen gilt. Zudem wird die Wahl, wenn Sie mit geringeren Summen unterwegs sind, im eher niedrigen Preissegment, immer eingeschränkter sein als im mittleren Segment. Dies hat den Vorteil, dass man nicht verwöhnt ist von der Idee, viel, mehr und noch mehr zur Auswahl zu haben, sondern durch den Preis bereits eine drastische Vorauswahl vorgesetzt bekommt. Der Nachteil kann allerdings mitunter sein, dass man sich auf einem sehr kompetitiven Feld bewegt. Weshalb ich Ihnen dringlich empfehle: Üben Sie, arbeiten Sie sich ein in die Materie, verfolgen Sie eine Weile lang den Markt. Denn dann wissen Sie, was verfügbar ist, was Sie sich für Ihr Geld leisten können, wo die Haken liegen bei den vermeintlichen „Schnäppchen", die Monate und Monate im Angebot bleiben. Denn nur wenn Sie sozusagen „auf Zack" sind, können Sie die wirklich seriöse gute Gelegenheit erkennen und dann „zuschlagen", und zwar schnell. Also, keine schnellen Entscheidungen ohne Vorbereitung, ohne Sachkenntnis. Aber mitunter schnelle Entscheidungen, wenn Sie die Perle gefunden haben und es darauf ankommt, den anderen Interessenten zuvorzukommen. Und Vorsicht: Das deutsche Recht zwingt den Verkäufer nicht, sich an seinen ursprünglichen Preis halten zu müssen. Es kommt, gerade in umkämpften Wohnlagen, immer wieder dazu, dass andere Interessenten mehr bieten und sich der Preis nach oben schaukelt.

Natürlich wird es immer wieder den einen oder anderen Makler oder Verkäufer geben, der versuchen wird, Sie zu einer Entscheidung zu drängen, manchmal auch unter Vorgabe reger Nachfrage. Lassen Sie sich hiervon nicht verrückt machen. Und im Zweifelsfall gilt: Lieber die Finger davon lassen. Es ist besser, eine mögliche Katastrophe abzuwenden, indem man sich vielleicht die Traumwohnung durch die Lappen gehen lässt, als an einen Kauf gebunden zu sein, den man bereut, noch bevor die Tinte trocken ist.

Sie können, wenn Sie sich fast sicher sind, auch eine Zusage geben lassen, dass Sie den Vortritt haben, zum Beispiel 48 Stunden lang. Eine solche Entscheidung eine Nacht zu überschlafen ist immer ratsam. Die Nacht hat Rat gebracht, heißt es im Französischen. Sie können eine solche Vereinbarung auch mit dem Makler schriftlich fixieren, manche halten dafür auch Vordrucke bereit. Sie können also eine Kaufabsichtserklärung abgeben. Ich würde immer folgenden Zusatz einfügen: „Unter Vorbehalt der Prüfung aller notwendigen Hausunterlagen". Somit nehmen Sie sich die Zeit heraus, jene Unterlagen erst einmal zu erhalten. Denn meist ist es so, dass zum Besichtigungstermin diese Papiere nicht vorliegen, nicht vollständig, oder lediglich zur Einsicht. Erst später am Tag, oder oftmals erst am Folgetag, wird Ihnen per Email das Dossier der Unterlagen zugesandt.

Manche Makler verlangen auch eine Reservierungsgebühr, also eine Anzahlung. Dies sind meist einige Prozent, nicht des Kaufpreises, sondern der Maklercourtage. Für den Käufer, insbesondere den unerfahreneren Erstkäufer, ist oft nicht so leicht nachvollziehbar, welches die Interessen des Maklers, welches die des Verkäufers sind. Bei reger Nachfrage an einer Immobilie hat der Makler natürlich die verständliche Absicht, sich so wenig Arbeit wie möglich zu machen. Wenn er daher Kunden per Reservierungsgebühr an sich zu binden sucht, reduziert das den Aufwand. Gleichzeitig aber hat er eine hohe Garantie, dass, wenn der eine Interessent abspringt, dahinter gleich ein anderer oder gar mehrere parat stehen. Meist werden Reservierungsgebühren auch nur für größere, umfangreichere Objekte verlangt, eben dann, wenn die Prüfung, die dann gerne Due-Diligence genannt wird, allein schon des Umfangs wegen längere Zeit in Anspruch nehmen kann, oder wenn für die Kaufentscheidung wichtig ist, wie Stadtplanungsamt oder Denkmalschutz auf angedachte Umbauten reagieren würden. Dies wird bei Ihrem Immobilienprojekt eher nicht der Fall sein. Seien Sie also eher stutzig, wenn eine Reservierungsgebühr von Ihnen verlangt wird. Erbitten Sie sich eben eher eine Zusage, den Vortritt zu erhalten und lassen Sie sich garantieren, dass Sie informiert werden, sobald ein anderer Kaufinteressent ernst machen will. Doch all diese Zusagen, Erklärungen und andere Absichtsbekundungen dienen beiden Seiten lediglich zur psychologischen Beruhigung. Juristisch bindend ist, nach deutschem Recht, lediglich die Kaufvertragsunterzeichnung. So kann es auch dazu kommen, dass Sie sich mit Makler oder Verkäufer auf alles geeinigt haben, und dass just vor dem Notartermin der Deal platzt oder zu platzen droht, weil ein anderer Interessent eine höhere Kaufpreissumme geboten hat. Hierzulande legal. Da liegt es dann an Ihrem Verhandlungsgeschick, die Wohnung doch noch zu Ihren Gunsten sichern zu können. Sich auf einen Rechtsstreit einzulassen – mit unwahrscheinlichem Ausgang für Sie –, würde ich Ihnen in keinem Fall empfehlen. Nutzen Sie dann lieber Ihre Energie für die weitere Suche und verbuchen Sie dieses Kapitel als Lehrgeld.

Verhandeln ist da ein anderes Stichwort. In den seltensten Fällen wird zum ursprünglich ausgeschriebenen Kaufpreis beurkundet. Auch wenn im Supermarkt oder in der Modeboutique das Verhandeln nicht zum hiesigen Ritual gehört, so ist es beim Immobilienkauf fast schon guter Ton. Es wird verhandelt, sei es nur aus Prinzip, sei es nur um eine geringe Summe. Sie können sicher sein, dass im Großteil der Fälle diese Marge von vornherein berücksichtigt worden ist und dementsprechend dem Kaufpreis eingerechnet!

Ein Tipp: Beim Verkauf über den Makler berechnet sich die Courtage in einem Prozentsatz vom – Vorsicht! – „beurkundeten

Kaufpreis". Wenn Sie also verhandeln möchten, wird die Courtage des Maklers geringer, obwohl ihm das Verhandeln einen Mehraufwand abfordert.

Rechnen Sie also den Kaufpreis und die entsprechend geforderte Maklercourtage zusammen und reduzieren Sie diesen Betrag dann um die Summe, die Sie als Nachlass für gerechtfertigt halten. Geben Sie Ihr Gebot also als Pauschalpreis ab. Somit überlassen Sie es dem Makler und dem Verkäufer, sich im Innenverhältnis einig zu werden, wer wie viel Nachlass gewährt. Und der Makler kann dann selbst entscheiden, wie er Ihr Kaufgebot an den Verkäufer weiter kommuniziert. Ein konkretes Beispiel:

Die Wohnung soll 50.000 € kosten, die Courtage mit 6 % netto, also 7,14 % brutto berechnet werden (6 % + MwSt. von 19 %). Die Courtage beliefe sich somit auf 3.570 €, der Gesamtpreis auf 53.570 €. Bieten Sie also zum Beispiel 49.000 € inklusive Courtage. Dann müssen sich Makler und Verkäufer einigen, wer welchen Anteil der Verminderung trägt. Psychologisch für Sie oft der bessere Schachzug!

Wie ich es gemacht habe? Hier ein Beispiel-Mail in der Machart, wie ich es nach erfolgreicher, begeisterter Besichtigung und eingehender Vorab-Prüfung verschickt habe, als ich die Wohnung unbedingt haben wollte:

>>> *aus der Praxis:* **Kaufabsichtserklärung/Gebot**

Sehr geehrte Frau.../Sehr geehrter Herr...,

haben Sie besten Dank für die angenehme Besichtigung der Wohnung in der ...Straße (Einheit Nr. XY, 4. OG links). Ich bin sehr an dieser Wohnung interessiert.

Hiermit unterbreite ich ein verbindliches Kaufgebot in Höhe von 49.000 € für Kaufpreis und Maklercourtage zusammen, unter

Vorbehalt der umgehenden Zusendung Ihrerseits und der Prüfung meinerseits der noch ausstehenden Hausunterlagen (Teilungserklärung und ggfs. Ergänzungen; letzte 3 Protokolle der ordentlichen Eigentümerversammlungen, und ggfs. der außerordentlichen; aktueller Wirtschaftsplan; letzte 3 Hausgeldabrechnungen; aktueller Stand des Rücklagenkontos; Grundsteuerbescheid oder Auskunft über die Höhe; Verwaltervertrag).
Sobald wir positive Rückmeldung haben zu meinem Gebot und ich sämtliche Unterlagen geprüft habe, können wir umgehend einen Notar/Notar XY mit der Erstellung eines Kaufvertragsentwurfs verbindlich beauftragen.

Für heute danke ich Ihnen herzlich für Ihre Bemühungen und verbleibe

Mit freundlichen Grüßen ...

Zur Erinnerung: Manche Makler bitten anschließend um die Unterschrift eines Dokumentes, das sie im Namen von Käufer und Verkäufer beauftragt, beim Notar den Kaufvertragsentwurf anzufordern. Der Makler bündelt demnach alle notwendigen Informationen und leitet sie an den Notar weiter. Sollte eine der beiden Vertragsparteien vor der Unterzeichnung abspringen, ist sie dem Notar die Rechnung für diesen Entwurf schuldig.

Sie sind somit am großen Tag angelangt, Sie haben sich entschieden! Glückwunsch! Nun gilt es, die Nerven zu bewahren bis zum Notartermin!

In der Folge werde ich Ihnen einige Einblicke geben in den Ablauf dieses wichtigen Kapitels. Sie können, am besten zeitgleich mit der Übermittlung an den Makler all Ihrer persönlichen Daten, auch einige Details festlegen, die Sie im Vertragsentwurf gerne berücksichtigt haben würden. Hierzu sofort mehr.

03. Notar und Kaufvertrag

<u>Der Notar ist überparteilich</u>. Seine Aufgabe ist es, darüber zu wachen, dass die Interessen beider Vertragsparteien ausgewogen vertreten werden. Theoretisch macht es also keinen Unterschied, bei welchem Notar beurkundet wird. Eine Empfehlung des Maklers oder der Wunsch des Verkäufers, bei „seinem" Notar zu beurkunden, muss also kein Nachteil für Sie bedeuten. Doch gilt als Usus das ungeschriebene Gesetz, dass der Käufer den Notar bestimmen kann. Wenn Sie aber keinen Notar persönlich kennen, können Sie sich auf die Empfehlung des Maklers oder den Wunsch des Verkäufers einlassen. Wie so oft macht der Einzelne den Unterschied. Fachlich und gesetzlich muss jeder Notar die gleiche Dienstleistung liefern. Wichtig für Sie: Als Klient des Notars steht es Ihnen zu, sich im Vorfeld der Unterzeichnung mit spezifischen, den Kaufvertrag betreffenden Fragen an den Notar zu wenden. Dies ist in den Gebühren, die Sie als Käufer ohnehin allein zu tragen haben, inbegriffen. Allerdings darf der Notar, sofern er auch Anwalt ist, keine explizite rechtliche Beratung zum selben Fall durchführen. Ihre Fragen dürfen sich also lediglich auf das Verständnis der gewählten Formulierungen im Vertragsentwurf beziehen, und auf die Konsequenzen, die sich aus dem Schriftstück für Sie ergeben. Sie werden in jedem Fall den Kaufvertragsentwurf im Vorfeld erhalten und haben ausreichend Zeit zur Prüfung. Handelt es sich beim Verkäufer um einen Kaufmann (oder eine juristische Person), so sieht das Gesetz ohnehin eine 14-Tage-Frist vor zwischen Übermittlung des Kaufvertragsentwurfs und der eigentlichen Beurkundung beim Notar.

Doch ein guter Makler sollte auch fähig und bereit sein, Ihnen hierzu Auskunft zu geben. Nur im Zweifelsfall wird er Sie an den Notar verweisen, was, finde ich, immer ein Zeichen von Qualität ist, wenn man die Grenzen der eigenen Kompetenzen anerkennt.

Der Übersichtlichkeit halber ist es in jedem Fall besser, wenn Verkäufer und Käufer im Vorfeld alle Fragen an den Makler richten, der dann alleiniger Kommunikationspartner des Notars ist. Um aber einer möglichen Sorge vorweg zu greifen: Selbst während des Notartermins, wenn der Notar den Vertrag laut vorliest, können noch einvernehmlich Änderungen am Text vorgenommen werden – allerdings nur, wenn alle Parteien anwesend sind. Als Immobilienvermittler war es mir stets wichtig, dass die Vertragspartner als mündige, informierte Klienten vor dem Notar sitzen. Besser ist es immer, vorbereitet zu sein. Wenn sich dann im Beurkundungsprozess noch Nuancen ergeben, für die eine bessere Lösung möglich ist, umso erfreulicher! Ein guter Notar zeichnet sich übrigens auch und gerade dadurch aus, dass er mitdenkt und Vorschläge macht, dass er das Dossier bestenfalls kennt oder zumindest im Verlaufe des Beurkundens so geistesgegenwärtig ist, dass ihm Verbesserungsvorschläge einfallen. Denn die meisten Kaufvertragsentwürfe basieren auf Standardformulierungen, die von den Notarfachangestellten vorbereitend dahingehend ergänzt und umgeformt werden, wie es jeder Fall verlangt, also durch das Einfügen der Daten von Objekt, Käufer und Verkäufer. Es ist also nicht der Notar selbst, der den aktuell vor ihm liegenden Vertrag kürzlich komplett durchdacht hat. Vielmehr nutzt er eine im Vorfeld von ihm redigierte Grundfassung, die auf Ihren spezifischen Kauf angepasst wurde. Behalten Sie sich auch das Recht vor, selbst wenn der Notar im Vorfeld nicht ausdrücklich darauf hingewiesen haben sollte, ihn jederzeit zu unterbrechen und um Erklärung zu bitten. Denn: Nur der vom Notar laut vorgelesene Vertrag darf zur Unterzeichnung vorgelegt werden. Damit soll garantiert werden, dass Sie und der Verkäufer dem Inhalt voll und ganz zustimmen und sich im Klaren darüber sind, was Sie unterzeichnen. Da niemand alle Inhalte aus dem Stegreif verstehen kann, gibt es im Vorfeld den Kaufvertragsentwurf, der mit aller Transparenz zwischen allen Beteiligten behandelt werden muss.

Wie sieht so ein Kaufvertragsentwurf aus? Was steht darin geschrieben?
Zunächst einmal ziert das Wappen des Bundeslandes, in dem der Notar seinen Amtssitz hat, die erste Seite, darunter stehen Name und Anschrift des Notars, wie auch die Urkundenrolle, also die laufende Nummer seiner unterzeichneten Urkunden im Kalenderjahr. Es werden die Erschienenen mit Namen, Geburtsdatum, Anschrift und Ausweisnummer aufgeführt, gegebenenfalls ihre Qualität als Vertreter einer der Vertragsparteien, was dann auch erwähnt werden muss.

Sie werden eine Formulierung finden, die da lautet: Wohnungskaufvertrag (oder Wohnungseigentumskaufvertrag) mit Auflassung. Auflassung verweist darauf, dass mit der Unterzeichnung des Kaufvertrages der Eigentum an der veräußerten Sache, also Ihrer neuen Wohnung, noch nicht übergegangen ist an Sie, den Käufer. Dieser juristische Übergang des Eigentums wird erst vollzogen mit der Eintragung des Käufers als neuer, rechtmäßiger Eigentümer im Grundbuch. Dies kann einige Monate Bearbeitungszeit beanspruchen. Der Kaufvertrag regelt unter anderem auch die Übergangszeit.

Der Begriff Auflassung im deutschen Recht stammt aus dem alten germanischen Recht und hat, wie so oft, eine ganz konkrete Bedeutung. Wurde ein Hausgrundstück verkauft, so wurde die Tür oder das Tor offen, also auf gelassen. Somit konnte jeder den neuen, zukünftigen Eigentümer sehen.

Bei manchen Verträgen kann auch noch der Zusatz stehen „mit Eigentumsverschaffungsvormerkung". Selbst wenn dieser Hinweis nicht eigens gegeben ist, handelt es sich immer auch um diese Vormerkung. Sie bedeutet, dass der Käufer vom Notar direkt auf die Vertragsunterzeichnung folgend beim Grundbuchamt im <u>Grundbuch</u> als zukünftiger Eigentümer vorgemerkt wird. Somit wird gewährleistet, dass Sie, und auch nur Sie, als Käufer den Anspruch haben, dem bisherigen Eigentümer, also dem Verkäufer, nachzufolgen auf die Position des ersten Ranges. Dieser erste Rang beurkundet, wem das Eigentum gehört. Es ist also juristisch gesehen die wichtigste Stelle Ihres späteren Eigentumsnachweises. Gäbe es diese Vormerkung nicht, könnte am Folgetag Ihrer Vertragsunterzeichnung nochmals ein Kaufvertrag mit einem anderen Käufer für dasselbe Objekt unterzeichnet werden, und dann noch einmal und noch einmal ... Die Vormerkung ist also Ihr Schutz als Käufer. In Spanien beispielsweise kennt man diese Vormerkung nicht, es besteht nicht einmal zwingend die Pflicht zur Grundbucheintragung!

Normalerweise wird diese Vormerkung vertraglich sofort gekoppelt an die Beantragung der späteren Löschung der Vormerkung und an die Beantragung der Eintragung als Eigentümer ins Grundbuch. Dies geschieht Zug um Zug mit der Löschung des Namens des Verkäufers aus dem Grundbuch, sowie der Löschung etwaiger Grundschulden oder sonstiger Belastungen.

Für die Vormerkung wie auch die Löschung (und zeitgleiche finale Eintragung) werden Sie in der Folge je eine Gebührenrechnung erhalten.

Schließlich wird im Vertrag unter Aufführung von Vertragsparagraphen der Grund der Beurkundung abgehandelt.

Das Grundstück wird bezeichnet mit Nennung der Kommune, der Straße, des Grundbuchamtes, des Grundbuchblatts und der Flur- und Flurstückbezeichnung und, ganz wichtig, der Miteigentumsanteile (MEA), die auf die von Ihnen gekaufte Wohnung entfallen. Es wird also unterschieden zwischen dem Grund und Boden als solchem und der Bebauung, also dem Haus, in dem sich die Wohnung befindet. Sie kaufen demnach primär einen Anteil des Grundstückes, der Ihnen dann – via Teilungserklärung und eigenem Grundbuchblatt – das Eigentumsrecht an der entsprechenden Wohnung verschafft. Natürlich ist der Notar verantwortlich für die Richtigkeit des Zitierens der Nummern und Bezeichnungen. Aber überprüfen Sie selbst noch einmal, und sei es nur, um die „Mechanik" besser zu verstehen, dass die im Vertrag aufgeführten Bezeichnungen dem entsprechen, was in der Teilungserklärung steht, und in den Kopien des Grundbuchauszugs, sofern Sie ihn vorliegen haben. Besonders im Falle einer zurückliegenden Änderung der Teilungserklärung oder bei Zusammenlegung zweier Grundbuchblätter (wenn ein Gebäude auf 2 Grundstücken errichtet worden ist) kann es zur Änderung der MEA oder gar der Flurstückbezeichnungen gekommen sein. Es müssen also die aktuellen Bezeichnungen im Vertrag aufgeführt werden.

Ferner finden hier die Abteilungen II und III des Grundbuches Erwähnung. In Abteilung I steht immer der jeweilige Eigentümer, sei es eine Einzelperson, eine Gruppe von Personen oder gar eine juristische Person. In Abteilung II stehen Lasten oder Nießbrauch, also etwa ein Wegerecht bei Grundstücken oder die Vermerkung, dass sich das Grundstück in einem Sanierungsgebiet befindet. Abteilung III verzeichnet, hierarchisch nach dem Rang der Prioritäten geordnet, die <u>Grundschulden oder Hypotheken</u> zugunsten eines Gläubigers, meistens einer Bank.

Es besteht die Möglichkeit, als Käufer eine solche Grundschuld zu übernehmen und sich entsprechend bei der Finanzierung mit der kreditgebenden Bank darauf zu einigen. In der Regel wird aber ein klarer Schnitt gemacht. Der Verweis hierzu wird auch im Kaufvertrag festgehalten, „der Übergang erfolgt lastenfrei", heißt es dann. Auch hier vollzieht sich die Regelung Zug um Zug. Das bedeutet, dass der noch eingetragene Gläubiger im Rahmen des Vollzugs des Kaufvertrags bereits im Voraus seine Zustimmung gibt, dass entweder der Gläubiger des Käufers, also meist Ihre finanzierende Bank, an den ersten Rang eingeschrieben werden darf, oder die bestehende Grundschuld gelöscht wird mit Kaufpreiszahlung, wenn Sie nicht finanzieren müssen. Somit ist für den aktuellen Gläubiger gewährleistet, dass sein Anspruch (also die Rechtsgarantie, die er sich hat einräumen lassen auf die konkrete Immobilie) erst dann erlischt, wenn belegt ist, dass der Käufer den Kaufpreis gezahlt hat und der Verkäufer von dieser Summe (oder gegebenenfalls durch Zuzahlung) seine Schulden bei seinem Gläubiger begleichen kann. Oft wird auch eine direkte Zahlung vom Käufer an den Gläubiger des Verkäufers vereinbart, ggfs. mit einem restlichen Teilbetrag, der aufs Konto des Verkäufers geht.

Für Ihren Gläubiger ist es die Sicherheit, im Rechtsverhältnis mit Ihnen als Wohnungskäufer und zukünftigem Eigentümer, den ersten Rang im Grundbuch zu erhalten. Erster Rang bedeutet dann, dass er, im Falle Ihrer Insolvenz, als erster das Recht hat, die Immobilie zu Geld zu machen und sich aus dem Erlös die größtmögliche Summe bis zum Limit der Grundschuld einstreichen zu dürfen. Wer an 2. oder 3. Rang steht, mahlt erst danach, sofern dann noch etwas übrig ist. Deshalb werden Sie faktisch auch nie eine finanzierende Bank finden, die nicht den 1. Rang beanspruchen würde!

Zur klärenden Unterscheidung: Eine Hypothek ist eine Garantie, die mit der kompletten Rückzahlung der Schulden automatisch erlischt und im Grundbuch auch gelöscht wird. Eine Grundschuld kann über die Rückzahlung der Schulden hinaus bestehen bleiben und somit weiterverwendet werden.

Finanzierende Banken verlangen in den meisten Fällen die Eintragung einer Grundschuld zu ihren Gunsten.

An dieser Stelle kann auch bereits der Verweis auf die <u>Verwalterzustimmung</u> stehen. Lange Zeit war sie Pflicht. Diese Pflicht wurde gesetzlich aufgehoben. Steht die Notwendigkeit der

Verwalterzustimmung allerdings in der Teilungserklärung, so gilt sie weiterhin als bindend. Was es damit auf sich hat? Die Zustimmung des Verwalters zu jedem Eigentümerwechsel innerhalb einer WEG ist eine Vorsichtsmaßnahme, die sich eine WEG auferlegen kann, um zum Beispiel notorisch bekannte Betrüger oder säumige Zahler vor dem Eintreten in die WEG zu hindern. Die Verwalterzustimmung kann also nur aus triftigem Grund verweigert werden.

Ihr Vorteil, wenn es keiner Zustimmung bedarf: Sie müssen keine separate Gebühr bezahlen. Denn der Verwalter muss seine Zustimmung vor einem Notar abgeben, der nicht zwingend der Notar ist, bei dem Sie Ihren Kaufvertrag beurkunden lassen. Die Zeit, die es benötigt, damit der Verwalter zunächst von Ihrem Notar angeschrieben wird, um einen Termin zu vereinbaren, und gegebenenfalls die Zeit, die sein Notar benötigt, um das Schriftstück Ihrem Notar zuzusenden, kann kostbar sein. Schließlich wollen Sie schnell in Ihre Wohnung, sei es wegen des nahenden Umzugs oder um anstehende Sanierungsarbeiten zu beginnen.

Ein Tipp: Sollten sich alle Beteiligten in derselben Stadt befinden, rufen Sie den Verwalter direkt nach der Kaufvertragsunterzeichnung an und bitten ihn, seine Unterschrift bei Ihrem Notar zu leisten. Damit sparen Sie mitunter eine gute Woche Wartezeit ein.

<u>Kaufgegenstand und Kaufpreis</u> geben an, zu welchem Preis der erwähnte Kaufgegenstand, also die Immobilie, veräußert wird, in Zahlen und in Worten. Hierbei ist wichtig zu wissen, dass die spätere Berechnung der Grunderwerbsteuer, wie der Name es besagt, sich auf den erworbenen Grund bezieht, Klären Sie im Vorfeld, ob es Ausstattungsobjekte in der Wohnung gibt, die separat aufgeführt werden können. Dies ist insbesondere die in diesem Zusammenhang immer wieder gern zitierte Einbauküche.

Handelt es sich um eine Küche mit Elektrogeräten in einer insgesamt passablen Ausführung, so kann hierfür ein entsprechender Wert angesetzt werden. Genauso verhält es sich mit der bereits erwähnten Rücklage. Allerdings erfolgt diese separate Ausweisung nicht automatisch. Sie müssten also rechtzeitig den Makler oder direkt den Notar darauf hinweisen, dass der Betrag der Instandhaltungsrücklage, der auf Ihre Wohnung entfällt, explizit aufgeführt wird. Damit wird er vom Kaufpreis als spätere Berechnungsgrundlage der Grunderwerbsteuer abgezogen. Allerdings verweigern Finanzbehörden vermehrt diese Praxis !

Hier steht dann auch die Aussage zur Kaufpreisfälligkeit und somit zur Übergabe der Wohnung. Die erste Bedingung, die erfüllt sein muss, ist die vom Notar beantragte und bestätigte Eigentumsverschaffungsvormerkung, von der gerade weiter oben die Rede war. Danach schließt sich an, dass die Lasten im Grundbuch gelöscht sein müssen bzw. die Eintragung einer neuen Last zugunsten Ihres Gläubigers erfolgt ist. Bei Denkmalschutzobjekten muss die <u>Vorkaufsrechtsverzichterklärung</u> der zuständigen Behörde vorliegen, bei unbebauten Grundstücken, zum Beispiel im Außenbereich (also im nicht urbanisierten Stadtbereich) kann es solch ein Vorkaufsrecht auch seitens der Naturschutzbehörden geben, in manchen Kommunen auch das Vorkaufsrecht der Kommune selbst. Diese Vorkaufsrechte sollen der öffentlichen Hand pro forma die Kontrollmöglichkeit geben, im Sinne des Nutzens für die Allgemeinheit Verkäufe dergestalt zu kontrollieren, dass sie selbst Gefahr abwenden, ein Stadtsanierungsvorhaben oder die Schaffung eines Naturparks begünstigen kann. Ein solches Vorkaufsrecht hat beispielsweise dann gegriffen, als Kommunen Immobilien selbst aufgekauft haben, um zu verhindern, dass eine extremistische Partei oder Organisation auf dem flachen Land ihre Versammlungsorte und Verwaltungszentren, geschützt durch das Eigentumsrecht, einrichtet. Sie brauchen sich aber bei einem regulären Kauf in einer Stadt vor einem solchen Vorkaufsrecht als Verhinderer Ihres eigenen Vorhabens nicht zu fürchten. Es kann nur dauern, bis die Papiere vorliegen ...

Hier kann auch eine andere <u>aufschiebende Bedingung</u> vereinbart werden, meistens auf Wunsch des Käufers. So können Sie vereinbaren, dass die zu kaufende Wohnung zwischen Kaufvertragsunterzeichnung und Fälligkeit des Kaufpreises geräumt werden muss, wenn Sie noch vermietet ist. Somit verpflichten Sie als Käufer den Verkäufer, Ihnen den Zugang zu einer leeren Wohnung zu garantieren. Ansonsten wären Sie es, die sich eventuell mit dem Mieter auseinanderzusetzen hätten. Wie gesagt, wer die Selbstnutzung anstrebt, sollte primär nur unvermietete Wohnungen ins Visier nehmen, oder eben eine solche Regelung über den Kaufvertrag anstreben, weil dann im Problemfall der Verkäufer für die Klärung der Sachlage rechtlich und praktisch Verantwortung trägt. Lässt sich ein Verkäufer auf eine solche Regelung ein, können Sie davon ausgehen, dass es sich um ein gesundes Mieter-Vermieter-Verhältnis handelt. Kein Verkäufer würde es sonst auf sich nehmen, sondern eher versuchen, dem Käufer die Last der Beendigung des Mietverhältnisses zu überlassen. Sprechen Sie es also an, wenn die Wohnung noch vermietet ist, somit testen Sie die Seriosität des Verkäufers.

Eine andere klassische, von Verkäufern wenig geschätzte aufschiebende Bedingung kann sein, dass Ihr Ersuchen um eine Bankfinanzierung erfolgreich sein muss. Bekommen Sie kein Darlehen, treten Sie automatisch vom Vertrag zurück und der Verkäufer – und der Makler – müssen von vorne beginnen. Genauso verhält es sich, wenn zur aufschiebenden Bedingung wird, dass Ihre bisherige Immobilie, die sich auch im Verkauf befindet, reell veräußert und bezahlt worden sein muss.

Nach Erfüllung aller Bedingungen unterrichtet der Notar den

Käufer schriftlich. Dann bleibt eine vertraglich festgelegte Frist (meist 10 Tage), um den Kaufpreis zu bezahlen, im Regelfall an den Verkäufer direkt, dessen Bankverbindung dann auch im Vertrag aufgeführt wird. Der Verkäufer hat dem Notar den Eingang der Zahlung unverzüglich anzuzeigen. Ihnen als Käufer rate ich, den Notar auch um Benachrichtigung per Email zu bitten, und dies auch in den Passus mit aufzunehmen. In der Regel erhalten Sie die Information somit schneller und vor allem auch dann, wenn Sie zu dieser Zeit unterwegs sein sollten und Ihre Briefpost nicht empfangen können.

Die <u>Wohnungsübergabe</u>, also auch der Übergang von Nutzen und Lasten, sollte vertraglich nicht an ein konkretes Kalenderdatum gebunden sein. Es besteht sonst die Gefahr, dass durch Verzug bei den Bedingungen dieses Datum nicht eingehalten werden kann und nachgebessert werden muss. Besser ist eine offene aber nicht minder wirksame und effektive Formulierung, die heißen kann:
Die Übergabe des Kaufgegenstandes erfolgt am Tag, der dem Tag folgt, an dem der Kaufpreis vorbehaltlos gezahlt ist.
  Anders gesagt: Erst wenn das Geld beim Verkäufer eingegangen ist, gibt es die Schlüssel!
  Aber eben nicht nur die Schlüssel. Sie werden eine Übergabe vereinbaren, die entweder der Verwalter, der Makler oder der Verkäufer selbst übernimmt. Hierbei werden beide Parteien ein Protokoll erstellen, auf dem die Übergabe und Anzahl der Schlüssel vermerkt wird, wie auch alle Zählerstände der anliegenden Medien.
  Lassen Sie sich auch zusichern, dass der Vertragsgegenstand, also Ihre zukünftige Wohnung, unvermietet ist und leer steht. Noch einmal: Sollten Sie sich entschlossen haben, eine vermietete Wohnung zu kaufen, so ist Vorsicht geboten. Eine einfache Absichtserklärung, dass der Mieter vor der Übergabe ausziehen

wird, genügt nicht. Sofern dies die Situation ist, lassen Sie sich eine Aufhebungsvereinbarung zum Mietvertrag vorlegen, die dann auch Teil des Kaufvertrags werden sollte. Im Vertrag sollte dann ganz klar darauf hingewiesen werden, dass die Zahlung und Übergabe ausdrücklich erst dann erfolgen, wenn die Wohnung leer steht, ohne Bindung an einen Mietvertrag. Achten Sie nicht auf diese Verpflichtung des Verkäufers, kann es Ihnen schnell geschehen, dass Sie zwar eine neue Wohnung besitzen, sie aber nicht nutzen können – oder erst nach nervenaufreibenden, langwierigen und kostspieligen Rechtsstreitigkeiten. Eine vermietete Wohnung sollte man nur dann kaufen, wenn man ein reines Anlageobjekt sucht, oder aber die Zeit mitbringt, eine ordentliche Kündigung wegen Eigenbedarfs abzuwarten, gegebenenfalls mit stoischer Geduld ...

Im Kaufvertrag sollten Sie sicherstellen lassen, dass keine <u>Erschließungskosten und Anliegerbeiträge</u> zu zahlen sind, dass der Verkäufer, sofern diese Frage für ihn überhaupt je relevant war, solche Zahlungen geleistet hat und dass ihm zum Zeitpunkt des Verkaufs auch nichts davon bekannt ist, dass der Ausbaustand der Erschließungsanlagen im weitesten Sinne noch nicht vollständig abgerechnet ist.

Will heißen: Die öffentliche Hand, im konkreten Fall die Kommune, legt Kosten für die Erschließung, also Versorgungsleitungen für Trinkwasser, Abwasser, Gas, Strom etc. auf die Grundstückseigner des erschlossenen Gebietes um. Kaufen Sie in einem historisch gewachsenen Stadtbezirk im Bestand, also im Altbau, können Sie davon ausgehen, dass in der Regel hier keine unerwarteten Kosten auf Sie zukommen. Anders sieht es aus, wenn sich die gekaufte Wohnung in einem neuen nur teilerschlossenen Gebiet befindet, oder aber in einem Sanierungsgebiet. In diesem besonderen Falle des Sanierungsgebietes steht ein entsprechender Vermerk im Grundbuch in Abteilung II.

Die Kommune investiert Geld in einen Stadtteil, der durch diese Investitionen eine spürbaren Verbesserung der Infrastruktur, der (öffentlichen) Bausubstanz und der (Grün-)Flächengestaltung erfährt. Diese Aufwertung drückt sich über kurz oder lang meist auch in einem Anstieg der Immobilienpreise aus. Somit beteiligt die Kommune die Grundstückseigentümer im Nachhinein zu einem gewissen Teil an den Ausgaben, und zwar über Ausgleichszahlungen. Im Falle einer Wohnung verteilt sich die dem Grundstück zugewiesene Summe entsprechend der Miteigentumsanteile.

Sie tun also gut daran, sich vorab zu orientieren, ob die auserkorene Wohnung sich in einem Haus im Sanierungsgebiet befindet. Sie sollten in keinem Fall einen Kaufvertrag unterzeichnen, in dem Sie sich zur Übernahme der später anfallenden Ausgleichszahlung verpflichten, wenn Sie die Höhe der auf Sie zukommenden Summe nicht kennen. Informieren Sie sich im Vorfeld bei der zuständige Behörde, meist dem Stadtplanungsamt oder der Denkmalbehörde. Die Ausgleichsbeträge werden in der Regel erst nach Abschluss der Sanierungsmaßnahmen und Aufhebung des Sanierungsgebietes erhoben. Je nach Fortschritt der Maßnahmen kann Ihnen aber Auskunft erteilt werden über die exakte oder zu erwartende Höhe der auf Sie entfallenden Summe. Diese müsste dann beim Kaufpreis berücksichtigt werden. Zahl man als (Teil-)Eigentümer den Ausgelichsbeitrag freiwillig im Voraus, gibt es einen Rabatt.

Ferner sichert der Verkäufer im Kaufvertrag zu, dass es keine Zahlungsrückstände an Steuern, Wohngeld/Hausgeld und sonstigen öffentlichen und privaten Abgaben gibt. Sie möchten ja nicht Kosten übernehmen müssen, die nicht in Ihrer Verantwortung liegen! Zudem sollten Sie sich zusichern lassen, insbesondere bei einem Altbau, dass dem Verkäufer nichts bekannt ist von einem Befall des Sondereigentums wie auch des

Gemeinschaftseigentums durch Hausschwamm, Trockenfäule, Salpeter oder Hausbock, sowie von nicht erkennbaren Mängeln, insbesondere Altlasten. Haftung für Sachmängel übernimmt der Verkäufer, so will es das Gesetz, nur für vorsätzlich verschwiegene Mängel. Allgemein gilt und wird auch in jedem Wohnungskaufvertrag in ähnlicher Weise formuliert:
Der Käufer hat den Kaufgegenstand genau besichtigt und kauft ihn, **wie er steht und liegt***, im gegenwärtigen, altersbedingten Zustand.*

Natürlich werden, sofern relevant, alle Details zur Regelung der Finanzierung und der etwaigen Belastung des Grundbuchs aufgenommen, und zwar unter einem eigenen Passus: „Bestellung von Kreditsicherheiten, Kaufpreisfinanzierung, Belastungsvollmacht". Diese Belastungsvollmacht, wie bereits weiter oben einmal angeschnitten, ist eine Vereinbarung, die dem Käufer erlaubt, das Grundstück mit einer Hypothek oder Grundschuld zu belasten. Diese Erlaubnis muss der Verkäufer dem Käufer erteilen, bzw. der eventuelle Gläubiger des Verkäufers. Denn der Gläubiger des Käufers, also im ehesten Fall Ihre finanzierende Bank, wird nur dann den Kreditbetrag auszahlen, wenn eine entsprechende Sicherheit, also eine Hypothek oder Grundschuld, ins Grundbuch eingetragen wurde. Der Verkäufer aber, oder seine Bank, wird andererseits nur zustimmen, eine solche Sicherheit, die ja de facto noch sein Eigentum betrifft, eintragen zu lassen, wenn garantiert wird, dass die Auszahlung der Kreditsumme bzw. des gesamten Kaufpreises direkt an ihn (oder die Gläubigerbank) erfolgt. Deshalb spricht man auch von *Zug um Zug*.

Nochmals eine Erläuterung zu Hypothek und Grundschuld: Beides sind Sicherheitsgarantien, die im Grundbuch verzeichnet stehen, wobei die Hypothek sich kontinuierlich mit der progressiven Rückzahlung des geliehgenen Betrages verringert, während die Grundschuld als solche in ihrer ursprünglichen

Höhe im Grundbuch festgeschrieben bleibt, auch dann, wenn das Darlehen bereits zurückgezahlt ist. Im Regelfall wird nur eine der Varianten im Grundbuch registriert.

Im Kaufvertrag wird ferner geregelt, wer welche <u>Kosten und Steuern</u> zu tragen hat. Prinzipiell trägt der Käufer, also Sie, die Kosten des Vertrags und seiner Durchführung, sowie die anfallende Grunderwerbsteuer. Allerdings gibt es eine Klausel über die gesamtschuldnerische Haftung für Kosten und Grunderwerbsteuer. Will heißen: Der Gesetzgeber sieht vor, dass, sofern aus dem einen oder anderen Grund der Käufer seiner vertraglichen Verpflichtung zur Übernahme der Zahlungen nicht nachkommt, Notar und Grundbuchamt sich auch beim Verkäufer bedienen dürfen.

Muss allerdings eine Hypothek des Verkäufers gelöscht werden, so trägt er allein hierfür die Kosten. Die Einrichtung eines Notaranderkontos verursacht ebenfalls Kosten, so genannte Hebegebühren, die normalerweise vom Käufer getragen werden. Sollte allerdings der Verkäufer auf ein Notaranderkonto bestehen, verhandeln Sie, dass er die entsprechenden Mehrkosten tragen soll. Jedoch handelt es sich um relativ geringe Beträge.

Ein <u>Notaranderkonto</u> ist ein Treuhandkonto. Der Kaufpreis wird alsbald nach der Vertragsunterzeichnung auf dieses Konto gezahlt. Dadurch wird ermöglicht, dass die Darlehensauszahlung zur Kaufpreiszahlung vorzeitig erfolgt, bevor die Grundschuld/Hypothek eingetragen wurde. Das Anderkonto kann aber auch nützlich sein, wenn zum Beispiel vereinbart wurde, dass der Verkäufer noch Reparatur- oder Sanierungsmaßnahmen durchführen soll, oder aber, wenn er dafür Sorge zu tragen hat, das Mietverhältnis mit einem Mieter zu beenden. Hierbei entstehen dem Verkäufer vor dem Verkauf zusätzliche Kosten. Da ist es gerechtfertigt, dass er im Vorfeld die Absicherung der Kaufpreiszahlung auf ein Notaranderkonto belegt haben möchte.

Zudem ist ein Anderkonto dringend angeraten, wenn ein Übergang der Nutzen und Lasten vor Eintragung der Auflassungsvormerkung stattfinden soll.

Zum Schluss möchte ich noch auf einen sehr wichtigen Aspekt eines jeden Wohnungs- oder Grundstückkaufvertrags eingehen, auf die so genannte <u>Unterwerfungserklärung</u>. Wer diese rechtliche Formulierung – und Konsequenz! – nicht kennt und im Rahmen seines ersten Immobilienkaufs beim Lesen des Kaufvertragsentwurfs entdeckt, mag es mit der Angst zu tun bekommen. Doch es klingt schlimmer, als es ist. Keine Sorge, hier kommt die Aufklärung!

Jeder Käufer eines Grundstücks oder einer Wohnung unterwirft sich durch die Unterzeichnung des Kaufvertrags der sofortigen Zwangsvollstreckung in sein gesamtes Vermögen – so steht es erst einmal geschrieben ... aber dann geht es weiter – und zwar

    1.) wegen der im Kaufvertrag übernommenen Zahlungsverpflichtung in Höhe des Kaufpreises gegenüber dem Verkäufer und

    2.) wegen der im Kaufvertrag übernommenen Zahlungsverpflichtung des Hausgeldes gegenüber den Miteigentümern, vertreten durch den Verwalter, im Falle des Kaufes einer Wohnung in einer WEG.

Im Klartext heißt das, dass Sie keine Angst zu haben brauchen um Ihren etwaigen anderen Besitz. Niemand will Ihnen irgendetwas wegnehmen. Aber die Formulierung, wenn man nicht genau hinsieht, verwirrt erst einmal und setzt die Warnblinker in Gang. Deshalb eben ist es wichtig, im Vorfeld genau Bescheid zu wissen auch über die juristische Terminologie des Immobilienkaufs.

Es wird Ihnen ja Glauben geschenkt, dass Sie, wenn Sie eine Immobilie kaufen, auch den Kaufpreis bezahlen können, und in der Folge die monatlichen Kosten für die anteiligen Hausgelder.

Diese Unterwerfungsklausel, die im deutschen Recht unumgänglich ist, wenn Sie in dieser Form eine Immobilie kaufen möchten, dient also zunächst dem Verkäufer, um sicherzustellen, dass Sie als Käufer Ihrer Absicht auch Taten folgen lassen. Sollten Sie nicht imstande sein, den Kaufpreis wie versprochen und vertraglich zugesichert, zum vereinbarten Termin an den Verkäufer zu zahlen, so hat er das Recht, die Forderung in Höhe des vereinbarten Kaufpreises gegen Sie geltend zu machen. Und dazu kann alles, was zu Ihrem Vermögen zählt, herangezogen werden. Jeder Wohnungs- oder Grundstückskaufvertrag ist kraft dieser Unterwerfungsklausel bereits eine vollstreckbare Urkunde, die gegen Sie, sofern Sie als Käufer säumig sind, eingesetzt werden kann.

Genauso verhält es sich mit der Zahlung des Hausgeldes. Hier sichert sich die Eigentümergemeinschaft gegen säumige Miteigentümer ab und verfügt somit auch über eine vollstreckbare Urkunde. Allerdings, wie die Realität es leider öfter als vermutet belegt, vollzieht sich das Prozedere gegen einen solchen Miteigentümer nur sehr langsam, selbst wenn die rechtlichen Schritte de facto im Voraus mitgedacht und vorformuliert wurden. Bis es zu einer Zwangsversteigerung einer Einheit kommt, auf Betreiben der WEG, können Jahre verstreichen, und dann steht da meistens eine Bank als Gläubiger an erstem Rang ... Ein triftiger Grund mehr, dass Sie bei der Wahl Ihrer zukünftigen Wohnung mindestens die Hälfte Ihrer Aufmerksamkeit dem Zustand des Gemeinschaftseigentums schenken, und den Akten, die Ihnen Auskunft darüber geben können, wie sich die anderen Eigentümer bisher verhalten haben.

Wenn Sie also guten Willens sind, den Kaufpreis so oder so finanziert wissen und auch die Höhe des Hausgeldes seriös eingeplant haben, ist diese Unterwerfungserklärung eine Formalie. Kulturell interessant dabei ist, dass dies im deutschen Recht die Verantwortung und Aufgeklärtheit des handelnden

Individuums voraussetzt und sogar an oberste Stelle platziert. Ich möchte mich hier kulturgeschichtlich nicht zu weit aus dem Fenster lehnen, doch erscheint dieser Aspekt sehr geprägt von einem protestantischen Selbstverständnis. Im Gegensatz beispielsweise zum französischen Gesetz, das die Kaufpreishinterlegung immer zur Voraussetzung macht (bereits im ersten Schritt durch einen Vorvertrag, bei dem 10 % der Kaufpreissumme auf das obligatorische Notaranderkonto gezahlt werden müssen, gefolgt, beim eigentlichen Vertragsabschluss, von der Hinterlegung der restlichen 90 % als erste der Voraussetzungen für die Durchführung der weiteren Schritte), basiert das deutsche Recht auf der Absichtserklärung des Käufers. Sie können also, insbesondere bei niedrigeren Kaufpreissummen, morgen einen Kaufvertrag unterzeichnen, ohne sich je um die Finanzierung gekümmert zu haben, und ohne je vom Makler, vom Verkäufer, vom Notar auf die Seriosität Ihrer Aussage – also Ihre Liquidität – geprüft worden zu sein. Es kommt da ganz auf den Eindruck an, den Sie hinterlassen. Und manche Makler oder Verkäufer möchten dann doch den einen oder anderen Nachweis im Vorfeld sehen (Kontoauszug, Nachweis über anderen Grundbesitz oder Ähnliches).

Dieser Sonderstellung der Idee vom mündigen Individuum entspricht auch die Tatsache, dass es vom Kaufvertrag nach deutschem Recht nur ein Original gibt. Es verbleibt beim Notar, dem kraft seines Amtes die Glaubwürdigkeit geschenkt wird, dieses Original verantwortlich aufzubewahren. Geht ein Notar in Ruhestand, so werden alle Urkunden, sofern es keinen Rechtsnachfolger gibt, zentral verwaltet, je nach Bundesland durch das zuständige Amtsgericht oder das Grundbuchamt.

In der Folge der Unterzeichnung erhalten Käufer und Verkäufer jeweils eine vom Notar beglaubigte und mit Siegel versehene Abschrift des Kaufvertrages, auf dem die Unterschriften beider Vertragsparteien dann aber nicht mehr zu sehen sind. In Frankreich werden stets drei Originale ausgefertigt, eines für den Notar, und je eines für jede Vertragspartei. Dort geht man also aus der Notarkanzlei mit dem eigenen Vertragsoriginal in der Hand.

  Sie können aber nach Vertragsunterzeichnung den Notar bitten, eine einfache (unbeglaubigte) Kopie zu erstellen, damit Sie etwas in Händen halten. Dies hat aber nur psychologischen oder symbolischen Charakter, juristisch bindend ist das Original und etwas später auch die jeweilige vom Notar selbst beglaubigte Abschrift, die Ihnen postalisch zugestellt wird.

Oftmals leben Käufer und Verkäufern nicht am selben Ort. Wenn die Anreise an den Ort der Vertragsunterzeichnung nicht möglich ist, wird mit Vollmacht und Nachbeurkundung unterschrieben. In den meisten Fällen wird ein Notar betraut, der dort ansässig ist, wo sich die verkaufte Immobilie befindet, oder eine der Vertragsparteien. Eine oder beide Vertragsparteien können für die Unterzeichnung vertreten werden. In diesem Falle wird ein Dritter, zum Beispiel der Makler oder ein Notarfachangestellter mit der so genannten vollmachtlosen Unterzeichnung beauftragt. Dies bedeutet, dass der Kaufvertrag als solcher unterschrieben wird, es aber in der Folge noch der Unterschrift der vertretenen Vertragspartei bedarf. Solange nicht beide Unterschriften der Vertragsparteien geleistet wurden und das Original nicht wieder beim ausführenden Notar eingetroffen ist, ist der Vertrag, wie es heißt, schwebend unwirksam. Ein Beispiel zum besseren Verständnis: Sie möchten eine Wohnung in Berlin kaufen, wo Sie auch jetzt schon wohnen. Ein Berliner Notar wird den Kaufvertrag beurkunden. Allerdings lebt der Verkäufer bei Frankfurt und ist beruflich viel auf Reisen. Er kann zur Vertragsunterzeichnung nicht anwesend sein. Er erteilt einem Notarfachangestellten in der Kanzlei des beurkundenden Notars den Auftrag, vollmachtlos für ihn zu unterzeichnen (der Notar selbst darf nicht parteiisch handeln). Sie gehen also zum Termin, lassen das Prozedere des – oftmals hastigen und hässlichen – Vorlesens des Kaufvertrags über sich ergehen, unterzeichnen wie auch der Notar und der Vertreter des Verkäufers den Vertrag. Dieses Urkunde sendet der Notar an einen seiner Kollegen in Frankfurt, der ihm zuvor vom Verkäufer benannt worden ist. Der Verkäufer zeichnet vor dem Frankfurter Notar den Vertrag gegen. Die Identität und die Unterschrift des Verkäufers sind somit überprüft und beglaubigt. Das nun vollständige Original geht zurück an den Berliner Notar. Erst jetzt ist der Kaufvertrag rechtskräftig.

Stirbt der Verkäufer in den Tagen zwischen Kaufvertragsunterzeichnung und der geplanten Gegenzeichnung bei seinem Notar, so ist der Vertrag nicht rechtskräftig. Schicksal, mag man sagen. Auch wenn die Absicht des Verkaufs gilt, besteht hier doch eine Bresche, die die Erben nutzen könnten, sofern sie gegen einen solchen Verkauf gestimmt sein sollten.

Natürlich können auch Sie derjenige sein, der nachträglich seine Unterschrift leistet, der Vertrag würde dann beim Notar in Frankfurt im Original durch den Verkäufer unterzeichnet und das Prozedere würde umgekehrt ablaufen. In beiden Fällen gilt: Jede Nachbeurkundung verzögert das Eintreten der Rechtssicherheit und verlängert den gesamten Prozess, der, je nach Gemeinde und Grundbuchamt, ab dem Zeitpunkt der rechtskräftigen Unterzeichnung des Kaufvertrages ohnehin einige Wochen bis Monate dauern kann.

Zu diesem Belang noch ein wichtiger Hinweis: Bei seinem jüngsten Kauf wurde einem Freund erst beim Notartermin mitgeteilt, dass in jener Stadt und just für seinem Stadtteil wegen hohen Aufkommens und Unterbesetzung des Amtes mit recht langen Bearbeitungszeiten beim Grundbuchamt zu rechnen sei. Nach Überprüfung stellte sich heraus, dass die durchschnittliche Bearbeitungsfrist vier Monate betrug! Wohlgemerkt: einzig und alleine für die Eintragung der Eigentumsverschaffungsvormerkung! Eine Wartezeit, die der Freund sich aus organisatorischen und finanziellen Gründen nicht leisten konnte. Er wurde kurz nach dem Notartermin beim Grundbuchamt vorstellig. Dort wurde ihm empfohlen, an die zuständige Sachbearbeiterin ein formloses Anschreiben zu adressieren und seine Bitte um eine beschleunigte, das heißt vorgezogene Bearbeitung zu begründen. Es hat funktioniert, aus den vier Monaten wurde ein einziger!

Auch Behörden sind nur Menschen. Und wenn die Gründe, die man vorträgt, argumentativ nachvollziehbar sind, die Form respektvoll und der Ton verbindlich, dann bestehen doch Chancen, dass sich dank des Eingreifens der Zuständigen die Situation für einen selbst erträglicher gestaltet. Einen Versuch ist es immerhin wert!

Gibt es im Kaufvertrag eine <u>Maklerklausel</u>, so verweist sie lediglich auf die Tätigkeit des Maklers und seinen Honoraranspruch. Rechtlich bindend gegenüber dem Makler ist aber bereits die Beauftragung gewesen, Ihnen Exposés zu schicken und Objekte zu zeigen. Die Courtage wird fällig mit Unterzeichnung des Kaufvertrages. Meist ist die Maklerrechnung dann auch die erste, die Sie erhalten werden. Vertragspartner des Wohnungskaufvertrages wird der Makler aber nicht.

Wichtig ist, darauf zu achten, dass die Formulierung der Maklerklausel eindeutig ist und aus ihr hervorgeht, dass die Courtage zusätzlich zum Kaufpreis, und zwar meist in einem Prozentsatz zum Kaufpreis ausgedrückt, berechnet wird. Wenn hier keine eindeutige Formulierung steht, laufen Sie Gefahr, dass das Finanzamt die Maklercourtage in den Gesamtpreis einbezieht, um die Berechnungsgrundlage der Grunderwerbsteuer zu ermitteln!

Eine mögliche Formulierung ist diese:

Der Käufer erklärt, dass der beurkundete Vertrag durch die Maklerfirma XYZ vermittelt wurde. Der Käufer erkennt ohne Erweiterung seiner Verpflichtung, von Einwendungsverzicht oder Eingehung einer neuen Verpflichtung an, der Maklerfirma die Zahlung eines Betrags in Höhe von XXX EUR inklusive Umsatzsteuer zu schulden. Eine Übernahme von Verpflichtungen des anderen Beteiligten (Verkäufer) liegt hierin nicht.

Weisen Sie in jedem Fall den Notar darauf hin, die entsprechend von ihm gewählte Formulierung nochmals daraufhin zu prüfen, dass Ihnen keine Mehrkosten bei der Grunderwerbsteuer entstehen.

Durch die neue Rechtssprechung führt, wie bereits erwähnt, die Aufnahme der Maklerklausel in den Kaufvertrag automatisch zur Verpflichtung, die oben erwähnte 14-Tage-Frist zwischen Vorliegen des definitiven Kaufvertragsentwurfs und der Beurkundung einzuhalten.

Noch ein <u>Hinweis für Verheiratete</u>: Sofern der Verkäufer alleiniger Eigentümer der zu verkaufenden Wohnung ist und in ehelicher Zugewinngemeinschaft lebt, ist seinerseits eine Erklärung notwendig, dass die veräußerte Wohnung nicht sein einziges oder den Großteil seines Vermögens ausmacht. Sofern die Immobilie aber das einzige ist, das er oder sie besitzt, so muss der Ehepartner schriftlich sein Einverständnis mit dem Verkauf erklären. Das Gesetz will sich hiermit absichern, dass im ehelichen Innenverhältnis des Verkäufers Transparenz herrscht und der nicht besitzende Ehepartner ein Einspruchsrecht erhält, wenn der Verkauf der Immobilie auch seine wirtschaftliche Existenz in erheblichem Maße betrifft. Sie als Käufer tun also gut daran, auch diesen Punkt bereits nach der Kaufpreiseinigung nachzufragen, um auch hier nicht unnötig und verspätet einer zeitlichen Verzögerung oder gar einem Kaufhindernis zu begegnen!

Nach der Unterzeichnung ist der Notar Ihr wesentlicher, wenn nicht gar einziger Ansprechpartner. Sie als Käufer müssen abwarten, bis der Notar Sie benachrichtigt, dass alle Vorbedingungen erfüllt sind und Ihnen grünes Licht gibt, den Kaufpreis an den Verkäufer auszuzahlen.

Sobald die Übergabe der Wohnung erfolgt ist, sollte die Hausverwaltung mittels Übersendung des Übergabeprotokolls und Ihrer Bankdaten für die Zahlung des monatlichen Hausgeldes über den erfolgten Vollzug des Wechsels informiert werden.

Sie werden in der Folgezeit die Rechnung des Maklers erhalten, kleinere Rechnungen für die Eintragungen im Grundbuch, die Rechnung des Notars für den Vollzug des Vertrags, die Kostengebühr über die Grunderwerbsteuer. Der Notar wird Ihnen eine beglaubigte Kopie des Kaufvertrags zusenden und Sie einige Monate später informieren, sobald im Grundbuch die Umschreibung des gekauften Eigentums auf Ihren Namen erfolgt ist. Hierzu wird er Ihnen die Kopie eines aktuellen Grundbuchauszugs beilegen. Dies ist dann der letzte Akt im Verlauf der Kaufvertragsabwicklung!

>>> *aus der Praxis:* **Freiberufler aufgepasst**

Ganz wichtig! Da wir vom Finanzamt sprechen: Sind Sie Freiberufler und möchten die gekaufte Immobilie beruflich nutzen, schalten Sie nun Ihre Warnblinker an. Sie können dann nämlich nicht genau wie bei einem Mietobjekt bisher einfach die laufenden Kosten steuerlich geltend machen, ohne dass Ihnen daraus eine Steuerfalle entstünde. Denn wer sagt: betriebliche Nutzung, der sagt, im Falle einer Eigentumsimmobilie, Betriebsvermögen. Und es gilt: Einmal Betriebsvermögen, immer Betriebsvermögen. Nutzen Sie die gekaufte Immobilie zu 100 % für Ihre berufliche Tätigkeit, so können und müssen Sie konsequenterweise auch 100 % der laufenden Kosten abschreiben (außer den Anteil für Rücklagen), aber auch die AfA, die Absetzung für Abnutzung geltend machen. Damit sind Sie dann gebunden. Wollen Sie in einigen Jahren die Immobilie verkaufen, oder aber auch nur privat nutzen, etwa um sich einen ruhigen Lebensabend in der abbezahlten Wohnung und nach Aufgabe der beruflichen Tätigkeit zu machen, die ja dann, da Sie in Ruhestand gehen, nicht mehr beruflich genutzt wird, so geht Ihre Rechnung leider nicht auf. Denn sowohl die Privatnutzung (also Nutzungsänderung) als auch der Verkauf würden einer so genannten Privatentnahme entsprechen. Diese würde dann wie ein normales Einkommen besteuert. Lediglich die ursprünglichen Anschaffungskosten, reduziert um die Summe aller bis dahin geltend gemachten AfA-Beträge, wären steuerfrei. Anders gesagt: Jeder Zugewinn, den Sie mit der gekauften Immobilie erzielt haben, wird dann mit dem progressiven Steuersatz besteuert, alle Summen jenseits der 50.000 € Zugewinn demnach mit dem derzeitigen Höchststeuersatz von 42 % !!!

Sie sollten sich als Freiberufler vor dem Schritt eines Immobilienkaufs für berufliche Zwecke also unbedingt von einem Steuerberater beraten lassen. Die Kosten der Beratungsstunde sollten es Ihnen wert sein!

Nutzen Sie allerdings in einer privat gekauften und genutzten Eigentumswohnung einen in sich abgeschlossenen Raum als Arbeitszimmer, so gibt es einen Kniff, den Sie für sich geltend machen können. Man spricht hier von Gebäudeteilen von untergeordnetem Wert.

Bei betrieblich genutzten Gebäudeteilen von einem solchen untergeordneten Wert müssen diese nicht als Betriebsvermögen laufen, wenn ihr Wert sich auf nicht mehr als 1/5 des Wertes des gesamten Grundstücks und auf nicht mehr als 20.500 € beläuft. Will heißen: Ist Ihre Wohnung mit einem Wert von 100.000 € zu veranschlagen und 100 m2 groß, darf Ihr Arbeitszimmer von steuerlich untergeordnetem Wert bis zu 20 m² groß sein. Ist Ihre

Wohnung nur 50 m² groß, so darf das Arbeitszimmer nur 10 m² messen, um unter diese steuerliche Begünstigung zu fallen, wenn der Wert der entsprechenden Quadartmeter sich **zudem** unter 20.500 € ansiedelt. Auf die Berechnung der anfallenden Ertragssteuern bei diesem häuslichen Arbeitszimmer hat dies keine Auswirkung, allerdings bei der steuerlichen Behandlung eines möglichen Veräußerungsgewinns. Ist Ihr Arbeitszimmer nämlich steuerlich als von untergeordnetem Wert deklariert, so haben Sie beim Verkauf der Privatwohnung auch auf das betrieblich genutzte Arbeitszimmer keine Steuer auf den Zugewinn zu zahlen. Wenn Sie dort mit Ihrem Hauptwohnsitz gemeldet waren, entfällt die Steuer beim Verkauf. Sollten Sie die Räume zwischenzteitlich eine Weile lang vermietet haben, so entfällt die Zugewinnsteuer nur, wenn Sie im Jahr des Verkaufs und den beiden vorangegangenen Jahren die Wohnung wieder als Hauptwohnsitz genutzt haben.

In jedem anderen Falle, bei einem reinen Privatkauf, gilt eine andere Regelung: Ist die Wohnung nicht Ihr Hauptwohnsitz, also etwa eine vermietete Anlage, oder aber eine Ferien- oder Zweitwohnung (wenn Sie z.B. Ihren Erstwohnsitz mieten), so gilt die so genannte Spekulationsfrist von 10 Jahren. Erst 10 Jahre nach Kauf (es gilt das Datum der Kaufvertragsunterzeichnung!) können Sie den Zugewinn komplett steuerfrei einstreichen.

Wie die Gesetze der Zukunft aussehen werden, kann heute niemand verlässlich voraussagen. Also arrangieren Sie sich mit der bestehenden Gesetzeslage und suchen Sie sich, auch hinsichtlich Ihrer eventuellen freiberuflichen Tätigkeit, das beste Modell aus. Eine Eigentumswohnung (oder ein Ladengeschäft) zum Betriebsvermögen zu machen, lohnt sich im Grunde nur, wenn Sie einen sicheren und hohen Umsatz machen und im laufenden Geschäft nach Steuervergünstigungen suchen. Spart Ihnen das Modell des eigenbetrieblich genutzten Immobilienvermögens jährlich tausende von Euros, dann mag eine

Versteuerung des Zugewinns bei Veräußerung oder Betriebsaufgabe kein so großes Opfer darstellen. Denken Sie aber, bei bescheidenem Umsatz und wenig Aussicht auf Veränderung, dass Sie sich gegenwärtig einige kleine Steuervergünstigungen „mitnehmen" können, gleichzeitig aber auf eine Altersabsicherung (durch Eigennutzung oder Verkauf) zielen, so liegen Sie mit Ihrem Kalkül gründlich falsch.

Wie gesagt: Ab zum Steuerberater!

04. WEG – die Wohnungseigentümergemeinschaft

In den vorangegangen Kapitel haben wir bereits mehrfach und in den unterschiedlichsten Fragen das Thema der WEG betrachtet. Dies unterstreicht nicht zuletzt noch einmal, dass man beim Wohnungskauf diesem Aspekt nie genug Aufmerksamkeit schenken kann. Ich möchte hier ergänzend auf einige weitere Belange eingehen, die während des Entscheidungsprozesses von Bedeutung sein können, aber auch danach, wenn Sie erst einmal in der Hausgemeinschaft und in Ihrem neuen Zuhause angekommen sind.

Es wird gerne unterschätzt, dass man, auch wenn sich zunächst einmal der Horizont auf die eigenen vier Wände richtet, sein Kapital – und auch seine Rechtsabhängigkeiten – mit dem Kapital anderer, unbekannter Menschen zusammenlegt. Auch wenn das WEG-Gesetz eines ist, das die Komplexität der Besitzverhältnisse ziemlich klar regelt, kann es immer wieder Grauzonen geben, die einen Interpretationsbedarf mit sich bringen. Und damit auch Spielraum für Einflussnahme. Andersherum gesagt: Im Normalfall setzt sich eine WEG aus wohlwollenden Miteigentümern zusammen, die einen fähigen Verwalter beauftragt haben, die Zweckgemeinschaft verantwortungsvoll und so sorgenfrei wie möglich zu betreuen. Im Extremfall, und solche Situationen habe ich in meiner beruflichen Tätigkeit als Makler und Berater immer wieder kennengelernt, ufert diese Zweckgemeinschaft aus, entweder in den Kampf eines Goliaths mit vielen Davids (zum Beispiel ein Aufteiler oder Mehrheitseigener, manchmal in Personalunion, gegen die anderen „Klein"eigentümer) oder aber, letzten Endes und oft als Resultat der ersten Kampfphase, als ein Kampf eines jeden gegen jeden. Es gab sogar Situationen, in denen es mir vorkam, als würden Wohlstandsbürger ein Ventil suchen für die Aggressionen und Frustrationen, die andere Generationen hierzulande in Kriegen haben ausleben können und müssen.

Ich will Ihnen keine Angst bereiten. Sondern Ihnen ein paar Schlüssel an die Hand geben, um im Vorfeld eines Kaufs die Anzeichen einer derart gelagerten Situation anhand von Hausunterlagen oder Gesprächen mit Miteigentümern erkennen zu können – um dann gegebenenfalls die Finger davon zu lassen, oder aber mit bestem Wissen und Gewissen den Kauf zu tätigen. Doch auch für die Folge können diese Schlüssel und Hinweise nützlich sein, denn vergessen Sie nicht, mit dem Kauf werden Sie zu einem Mitglied einer Gemeinschaft, im besten Falle zu einem aktiven Mitglied. Denn Sie haben Gestaltungsmöglichkeiten, die Sie am ehesten konstruktiv nutzen sollten.

Das Wohnungseigentumsgesetz (WEG, oder auch WoEigG) aus dem Jahr 1951 regelt, wenn eine formelle Teilung eines Grundstücks vorliegt, durch die Teilungserklärung das Sondereigentum an den jeweiligen Wohnungen und an Räumen oder Flächen, die nicht zu Wohnzwecken genutzt werden (also Gewerbe- oder Nutzflächen), wie auch das Gemeinschaftseigentum am Gebäude und Grundstück. De facto gehört also niemandem die eigene Wohnung als solche. Sondern immer nur ein Teil des bebauten Grundstücks, verbunden mit dem Sondereigentum an der entsprechenden Wohnung. Im täglichen Leben macht das keinen Unterschied, genauso wenig, ob ein Keller oder Parkplatz im Sondereigentum oder im Gemeinschaftseigentum mit Sondernutzungsrecht steht. Ein Wohnungseigentümer kann also nie die Wohnung als solche, losgelöst vom Kontext des Hauses und der Gemeinschaft verkaufen. Deshalb auch gibt es in jedem Kaufvertrag die Klausel, die dem jeweiligen Käufer die Verpflichtung auferlegt, alle vom Verkäufer erhaltenen Rechte und Pflichten zu gegebenem Zeitpunkt wieder an den nächsten Käufer weiterzugeben. Beim Wohnungskauf in einer WEG kaufen Sie also eher ein Recht (verbunden mit Pflichten) denn ein mit Steinen umbautes Raumvolumen. Das verhält sich anders beim Hauskauf. Dort gehört Ihnen alles ungeteilt. Die Rechte und Pflichten, die sich dann aus dem Eigentum ergeben, gelten einzig und allein hinsichtlich der anderen Instanzen wie Nachbarn, Gemeinde etc. Beim Kauf innerhalb einer WEG schaltet sich die Eigentümergemeinschaft als Instanz dazwischen.

Aber auch beim Einfamilienhaus gilt: Das BGB kennt kein Eigentum als solches an Gebäuden oder Gebäudeteilen, sondern immer nur am Grundstück. Das Eigentum an einem Gebäude ergibt sich also implizit durch das Eigentum am Grundstück. Dies erklärt auch, weshalb es nach der Wende und der Rückübertragung von Eigentum dazu kam, dass Familien, deren Vorfahren ein Stück Gartenland besaßen, sich plötzlich als Erben von Häusern sahen. Zu DDR-Zeiten waren viele Grundstücke bebaut worden. Durch die Rückübertragung des Grundstücks kam es damit zum Eigentum am Haus. Auf diesem Prinzip beruht auch das <u>Erbbaurecht</u> oder das englische Leasehold: Hier wird für das Grundstück ein jährlicher Mietzins bezahlt. Der eigentliche Kaufpreis des darauf stehenden Gebäudes, oder Gebäudeteils im Falle einer Wohnung, orientiert sich daher auch und gerade an der Länge der Restlaufzeit des Grundstückmietvertrages. In der Regel handelt es sich bei Vertragsabschluss immer um eine Dauer von 99 Jahren. Mit dem Erlöschen der Laufzeit fällt das Eigentum an den Gebäuden an den Eigentümer des Grundstücks. Dies erklärt im englischen Beispiel auch, weshalb einige sehr vermögende Familien seit Generationen so vermögend sind. Bei vielen hunderten Grundstücken fallen jährlich einige Grundstücke und damit Häuser zurück in den Familienbesitz. Dann lässt sich von Neuem Stück für Stück im Leasehold „verkaufen", bei gleichzeitiger Berechnung einer Nutzungsgebühr für das Recht, diese Immobilie auf eben diesem

Grund und Boden stehen zu haben!

Der französische Begriff für die entsprechende Regelung lautet *bail emphytéotique* und bezeichnet etymologisch sehr schön, worum es geht. Das griechische Wort *emphuteusis* bedeutet in etwa „die Tat, etwas zu pflanzen". Dieser Vertrag geht direkt auf das römische Recht zurück. Das Recht an der Nutzung des Grundstücks bezog sich nur auf ländliche Grundstücke und erlaubte dem Eigentümer, brach liegendes Land von einem anderen bestellen zu lassen. Es musste dafür vom Nutzer periodisch ein geringer Betrag bezahlt werden, der *canon* („Maßstab, festgesetzte Ordnung") genannt wurde.

So viel zur Geschichte, die bis heute weite Teile unseres Rechts bestimmt, und nicht nur des Wohnungseigentumsrechts.

Das Wohnungseigentumsgesetz regelt also im Wesentlichen die Begründung und die Verwaltung des Gemeinschaftseigentums, wie auch die Gemeinschaft der Wohnungseigentümer. Das maßgebliche Dokument, wie wir bereits gesehen haben, ist hierbei die Teilungserklärung.

Was die Teilungserklärung (im Immobilienjargon mit TE abgekürzt) nicht explizit regelt, regelt das Wohnungseigentumsgesetz oder in Folge das BGB.

Sie sollten also immer Kenntnis haben von der Teilungserklärung. Sie ist die Grundlage, an der sich alle orientieren müssen, die das gemeinsame Eigentum an einem Grundstück und Gebäude halten. Ganz gleich, ob sie auch selbst im Hause wohnen oder ihre Einheit an einen Mieter vermietet haben. So ist im Nachbarschaftsrecht im Endeffekt der Eigentümer verantwortlich für das Verhalten des Mieters gegenüber der Hausgemeinschaft.

Im Täglichen allerdings geschieht nicht sehr viel. Sie zahlen einmal pro Monat jeweils zum Monatsanfang das Hausgeld (manchmal auch Wohngeld genannt), dessen Höhe sich aus dem durch den Verwalter vorgeschlagenen und von der Eigentümerversammlung im Jahr zuvor angenommenen Wirtschaftsplan ergibt. Einmal jährlich wird diese Eigentümerversammlung abgehalten. Der Verwalter beruft sie ein, und zwar zwingend mit mindestens 14 Tagen Vorlauf. Im Regelfall informiert der Verwalter die Eigentümer über das anberaumte Datum und fügt die Tagesordnung bei, mit dem Hinweis, dass jeder Miteigentümer bis zu einem Stichtag (der also 14 Tage vor dem Datum des Versammlung liegen muss) noch weitere Tagesordnungspunkte einreichen kann, die der Verwalter dann aufnimmt. Hat ein Miteigentümer also ein spezielles Anliegen, über das er die Gemeinschaft beraten und abstimmen lassen möchte, muss er dies dem Verwalter – nicht den Miteigentümern – direkt mitteilen. Nur eine ordnungsgemäße und formell korrekte Prozedur und ein entsprechendes Votum haben Rechtsgültigkeit. Gibt es ein dringliches Anliegen, etwa den Wunsch zu individuellen Baumaßnahmen, die in den Bestand des Gemeinschaftseigentums eingreifen, kann auf Bitte und zu Lasten des Antragsstellers eine außerordentliche Eigentümerversammlung einberufen werden. Möchten Sie also eine Wohnung kaufen, die zunächst saniert werden muss und die nur dann bewohnbar gemacht werden kann, wenn sie eine zusätzliche Fensteröffnung erhält oder ein Stück Hausflur als Eingangsbereich hinzugewonnen werden kann, dann ist Vorsicht geboten. Sie benötigen hierzu die Zustimmung der Gemeinschaft. Selten werden Sie oder der Verkäufer die Zeit haben, diese Belange vor dem Verkauf zu klären. Achten Sie also darauf, gerade wenn es Ihr erster Kauf sein sollte, dass die erforderlichen Sanierungsarbeiten nichts am Gemeinschaftseigentum beeinträchtigen, damit Sie autonom handeln können. Wenn es sich lediglich um einen Wanddurchbruch handelt, zum Beispiel zwischen Küche und Wohnzimmer, so können Sie nichttragende Wände immer ohne Nachfragen entfernen, bei tragenden Wänden handelt es sich aber um Gemeinschaftseigentum, das eben auch deshalb zu Recht besonders schützenswert ist, weil es die Statik des gesamten Hauses garantiert. Im Regelfall genügt es hier, einen Statiker mit der Berechnung des Vorhabens zu beauftragen und diesen statischen Nachweis und die Unbedenklichkeit des Eingriffs dem Verwalter vor Beginn der Maßnahme vorzulegen, mit der Bitte um Freigabe. Je nach Breite des Durchbruchs muss dann mit einem Stahlträger das Gewicht abgefangen werden. Lassen Sie solche Arbeiten stets von einer Fachfirma durchführen und vom Statiker abnehmen. Auch dieses Papier reichen Sie beim Verwalter nach. Somit sind Sie auf der sicheren Seite und haben nachgewiesen, dass Sie die Regeln des korrekten Zusammenlebens befolgt und die Verantwortung fürs Gemeinschaftseigentum in aller Form übernommen haben. Von „Alleingängen" rate ich dringend ab. Schließlich würde es Ihnen in umgekehrter Lage auch nicht gefallen, wenn ein Nachbar die Stabilität des Hauses gefährden würde, nur weil er sich nicht ans Protokoll halten wollte, oder um etwas Geld zu sparen. Die möglichen Rechtsstreitigkeiten bis hin zur sehr wahrscheinlichen Gefahr, dass der Bauherr einen Rückbau vornehmen lassen muss, rentieren sich nie, weder menschlich noch wirtschaftlich.

Ein fachgerecht ausgeführter Türdurchbruch oder auch ein etwas weiterer Wanddurchbruch sind zudem nicht so teuer, wie man vielleicht denken mag! In jedem Falle sollten Sie bei Zweifeln vor Ihrem Bauvorhaben den Verwalter ansprechen.

Achten Sie darauf, was bei einem <u>unausgebauten Dachgeschoss</u> in der Teilungserklärung dazu geregelt ist. Wir sprachen hiervon bereits in Teil 2, Kaiptel 2. Diese Gemeinschaftsordnung ist ein Schriftstück, dass minimal gehalten werden, oder aber auch sehr ausformuliert und weit voraus durchdacht sein kann. Wenn bereits der Fall eines Dachausbaus ausformuliert ist, so ist das für Sie, als Eigentümer einer Etagenwohnung auch dann schon rechtlich bindend, wenn sich unter dem Dach noch gar nicht tut. Lesen Sie die Teilungserklärung also vor dem Kauf nicht, oder sehr unachtsam, so kann es durchaus geschehen, dass Sie drei oder vier Jahre nach dem Einzug eine völlig „unerwartete" Situation erdulden müssen, die für Sie aber nicht tolerierbar ist. So mag plötzlich ein Aufzugsschacht unweit Ihres Badezimmerfensters vorbeiführen oder Ihnen die Morgensonne in der Küche wegnehmen. Wenn aber in der Teilungserklärung etwas formuliert steht, dann gilt es: *Dem jeweiligen Eigentümer des Dachgeschosses steht es frei, im Hof des Hauses einen Aufzug auf seine Kosten anzubauen.*

Sie hätten es in den Unterlagen vorher einsehen können. Sie müssen den Aufzug dulden. Das Recht wurde im Voraus bei der Erstellung der Teilungserklärung ausformuliert.

Anders aber ähnlich verhält es sich, wenn Sie das Dachgeschoss kaufen, ob nun ausgebaut oder unausgebaut, und die WEG sich das Recht vorbehalten hat, durch eine Wartungsluke innerhalb Ihrer Wohnung Zugang zur Dachhaut zu haben. Das heißt nicht, dass morgen alle Nachbarn Schlange stehen werden, um Sonnenlicht und Luft zu schnappen, aber bei einer technischen Notwendigkeit kann die Verwaltung einen Handwerker schicken, dem Sie den Zutritt nicht verweigern dürfen. Oder aber, dieser Fall ist mir auch untergekommen, die WEG hat sich via Teilungserklärung das Recht beibehalten, auf einer Teilfläche der Dachhaut eine Gemeinschaftsterrasse errichten zu dürfen. Sollten Sie nun aber auch vorhaben, die Dachfläche zu nutzen, entweder ohne den Ausbau, also als einen gewissen „Heimvorteil" in der Grauzone, oder durch einen Bauantrag, dann könnten sich beide Vorhaben in die Quere kommen.

Wie verläuft eine Eigentümerversammlung? Der Verwalter muss anfangs die Beschlussfähigkeit feststellen. Dazu werden die Miteigentumsanteile aller anwesenden und aller vertretenen Miteigentümer zusammengerechnet. Es müssen mindesten 50 % der Anteile + 1 Anteil anwesend oder vertreten sein. Ansonsten wird eine halbe Stunde später automatisch eine Ersatzversammlung einberufen, die dann beschlussfähig ist. Nachdem die Tagesordnung im Vorfeld per Einladung bekannt gegeben wurde, werden die Tagesordnungspunkte chronologisch abgearbeitet. Die Änderung des Wortlautes eines Tagesordnungspunktes während der Versammlung ist unzulässig. Die nicht anwesenden und die nicht vertretenen Miteigentümer hätten hiervon keine Kenntnis und würden übergangen. Hat ein Miteigentümer im Vorfeld eine Vollmacht erteilt, meistens dem Verwalter oder einem anderen Miteigentümer (manche Teilungserklärungen untersagen die Vertretung durch einen Dritten, der in keinem rechtlichen oder familiären Verhältnis zum vertreten Miteigentümer steht!), so hat er sich auf die bekannten Inhalte gestützt, um seine Wahlmöglichkeiten, DAFÜR, DAGEGEN oder ENTHALTUNG, für jeden der Tagesordnungspunkte (TOP) abzuwägen.

Haben Sie selbst als neuer Miteigentümer zuvor einen zusätzlichen Tagesordnungspunkt eingebracht, so hat der Verwalter Sorge zu tragen, dass dieser auch rechtsgültig formuliert ist. Wenn Sie allerdings selbst eine Vorlage formulieren, sind Sie sicher, dass die wesentlichen Inhalte auch Ihren Gedanken entsprechen. In jedem Falle muss innerhalb des TOP die betreffende Situation dargestellt werden und dann eine Beschlussgrundlage derart formuliert werden, dass darauf mit JA oder NEIN, bzw. DAFÜR oder DAGEGEN zu antworten ist. Oder es müssen Varianten a), b) und c) angeboten werden, die dann klar voneinander getrennt formuliert sind.

Sie sollten auch versuchen, bei der ersten Versammlung nach

Ihrem Kauf anwesend zu sein. Das erlaubt Ihnen, die Miteigentümer, oder einen Teil von ihnen, wie auch den Verwalter (besser) kennenzulernen. Sie sehen dann, wie die Mechanik einer solchen Versammlung abläuft, Sie können verstehen lernen, wer wie „tickt" und welche Schwierigkeiten es eventuell geben könnte für Ihre Vorhaben in der Zukunft. Ganz wichtig finde ich es, dass man, wenn man selbst einen TOP mit einem eigenen Anliegen vorlegt, auch anwesend ist und seinen Standpunkt oder das Vorhaben verteidigt.

Mir ist aus eigenem Erleben ein Fall bekannt, in dem ein Miteigentümer seit mehreren Jahren eine Forderung gegen die Eigentümergemeinschaft vorbrachte, was aber jedes Jahr aufs Neue von der Versammlung abgewiesen wurde. Es ging im Rahmen des Dachgeschossausbaus um Baukosten am Gemeinschaftseigentum, die der Miteigentümer, da Gefahr in Verzug war, vorgestreckt hatte. Allerdings gab es Differenzen in den Gutachten, ob diese Baumaßnahmen, die auszuführen notwendig waren, um das Sondereigentum (also die entstehende Wohnung des Miteigentümers) fertigzustellen, nicht auch anders, also kostengünstiger hätten realisiert werden können. Der Eigentümer hatte es aber nicht für nötig erachtet, den anderen Miteigentümern bei den Versammlungen unter die Augen zu treten, sondern hatte lediglich einen umfangreichen Schriftverkehr der Einladung zur Eigentümerversammlung hinzufügen lassen. Ich fand das Fernbleiben anstößig und menschlich schwach. Der psychologische Effekt auf die zu überzeugenden Miteigentümer war durch solch ein Verhalten nicht sehr förderlich, selbst wenn der Dachbesitzer das Problem im Endeffekt durch Aussitzen und die Androhung einer für die WEG langwierigen und kostspieligen Rechtsstreitigkeit zu seinen Gunsten entscheiden konnte.

Dachgeschossausbauten sind oftmals der Grund für Streitigkeiten in einer WEG! Wollen Sie auf Nummer sicher gehen, kaufen Sie eine Wohnung nur in einem solchen Haus, in dem das Dachgeschoss schon seit langem ausgebaut ist und lassen Sie sich im Zweifelsfalle eine Bestätigung vom Verwalter und später vertraglich vom Verkäufer geben, dass alle etwaigen Forderungen gegen die WEG oder Ausgleichszahlungen abgegolten sind.

Allgemein gilt: Je mehr Wohneinheiten vorhanden sind, und je mehr einzelne Eigentümer diese Wohnungen besitzen, desto länger kann eine Versammlung dauern! Vergessen Sie nicht: Jeder bringt sein Ego mit, und nicht jeder hat klare Kenntnisse im Vorfeld, welche rechtlichen Beziehungen ihn an die anderen binden. Wie bereits unterstrichen, gibt es eine hohe Anzahl von Wohnungskäufern, die sich nie damit auseinandergesetzt haben, was das Kaufen einer Wohnung innerhalb einer WEG bedeutet, und die erst aufwachen, wenn „plötzlich" finanzielle Forderungen auf sie zukommen. Die Arbeit des Verwalters, oder das Zur-Hilfe-Springen durch andere, erfahrenere Miteigentümer, kann also während einer Eigentümerversammlung eine regelrecht mühsame Aufgabe darstellen, bis denn jeder verstanden hat, worum es geht.
Im Allgemeinen kann man davon ausgehen, dass diese jährliche Versammlung nur dann gut besucht ist, wenn außerordentliche Zahlungen für Sanierungs- oder Instandsetzungsmaßnahmen anstehen, über die entschieden werden muss. Läuft alles rund und sind nur die üblichen Hausgelder zu zahlen, von denen alle Ausgaben bestritten werden können, werden solche Versammlungen meist nur spärlich besucht. Wichtig sollte dann immerhin bleiben, dass das Stimmrecht per Vollmacht auf einen anderen übertragen wird, um die Entscheidungshoheit über das Wohl der Eigentümergemeinschaft nicht nur einigen wenigen zu überlassen. Es verhält sich hier genauso wie bei politischen Parlamentswahlen!

05. Alternativen

Wir sind nun fast am Ende angelangt und Sie konnten, so hoffe ich, sich einen konkreten Einblick verschaffen in die komplexe aber beherrschbare Materie des Immobilienkaufs.

Sofern Sie nun merken, dass Sie die dafür nötigen Gelder nicht aufwenden können, sofern Sie vielleicht mehrere Finanzierungsabsagen von Banken erhalten haben, aber trotz allem einen ersten Schritt unternehmen möchten hin zu Immobilieneigentum, so lassen Sie uns gemeinsam einige Alternativen in Betracht ziehen.

Die folgenden Ausführungen bieten Ihnen weitere kreative Ansätze, wie Sie zum einen den Wunsch nach Eigentum befriedigen können, sei es auch nur zeitweise, zum anderen aber auch potenziell Ihr geringes Einstiegskapital zu mehren vermögen. Noch einmal: Sie mehren Ihr Kapital bei Immobilien zum einen dadurch, dass Sie die Wohnkosten von der Zahlung eines Mietzinses in einen Kreditzins umwandeln und sich durch die Tilgung ein Kapital ansparen, dass Sie ansonsten nicht hätten. Und Sie mehren das Kapital durch die Beteiligung an der Wertsteigerung, also an der Erhöhung der Immobilienpreise. Hier sprechen wir dann vom Zugewinn.

<u>Gartengrundstück</u>
Wenn es gilt, die Summe des Kaufpreises noch weiter unten anzusiedeln, so sollten Sie sich zuvorderst mit der Situation von Grundstücken befassen. Ich finde es beruhigend zu wissen, dass einem immerhin ein Fleckchen Erde gehört. Der Natur gegenüber ist das einerlei, es geht um das Festschreiben eines Privilegs gegenüber der menschlichen Gemeinschaft, kaum etwas anderes ist Eigentum. Gehört Ihnen ein Stück Land, dann haben Sie je nach Natur des Grundstücks einige Rechte, die Sie sofort

oder in der Zukunft nutzen können.

Halten Sie zum Beispiel Ausschau nach einem Gartengrundstück. Die meisten Gärten sind als Schrebergärten oder Kleingärten gestaltet und ihre Nutzung wird rechtlich durch das Bundeskleingartengesetz geregelt. In diesem Fall pachten Sie den Grund und Boden und kaufen lediglich die Aufbauten, also die Laube und das Inventar, durch eine Ablösesumme, die Sie an den Vorgänger zahlen. Doch das Grundstück gehört Ihnen damit nicht, Sie entrichten eine Pacht, die je nach Lage und Beschaffenheit recht hoch ausfallen kann. Besser ist es, nach Eigentumsland zu suchen. Hier erwerben Sie Grund und Boden samt Zubehör. Sie unterliegen nicht den Regelungen des Bundeskleingartengesetzes (das unter anderem vorsieht, welche Fläche des Gartens Sie wie und womit zu bepflanzen haben). Generell wird das Eigentumsland eher im Außenbereich einer Gemeinde liegen, also kein Bauland und somit landwirtschaftlichen Flächen gleichgesetzt sein. An manchen Orten ist Gartenland im Eigentum nicht teurer als eine Pacht über lange Jahre. Zumal müssen Sie damit rechnen, dass Ihnen bei Pachtland der Pachtvertrag irgendwann einmal nicht mehr verlängert werden könnte und Ihnen damit neben der Nutzung und den affektiven auch die monetären Werte, die Sie in eine Laube und in die Anpflanzung gesteckt haben, verloren gehen.

Sie könnten also nach einem Grundstück suchen, dass von Ihrem Wohnort aus leicht erreichbar ist. Es gilt abzuwägen, wie sich Entfernung und Preis die Waage halten. Befindet sich ein Erholungsgrundstück in wochenendtauglicher Nähe zu Ihrem Wohnort, erreichbar über den städtischen Nahverkehr, so wird sich das in einem höheren Kaufpreis niederschlagen als wenn Sie eine etwas längere Anfahrt einplanen müssen. Selbst wenn Sie gewöhnlich mit dem Auto fahren: Überprüfen Sie den Anschluss an öffentliche Verkehrsmittel! Es sollte immer eine Alternative der Anreise geben. Eine zu lange oder zu teure Anfahrtszeit nimmt Ihnen auf Dauer die Motivation und rechnet sich nicht, weder zeitlich noch finanziell.

Im besten Fall steht auf dem Grundstück bereits eine Laube, zudem mit Wasseranschluss oder einem eigenen Brunnen, und mit eigener Stromversorgung. Kosten für einen Neuanschluss können schnell höher liegen als der reine Kaufpreis des Grundstücks. Wenn der Preis niedrig ist, kann es dennoch interessant sein, sich auf den Kauf eines völlig brach liegenden Grundstücks einzulassen. Allerdings empfehle ich Ihnen, die Folgekosten vorher seriös zu kalkulieren. Erkundigen Sie sich hierzu bei Fachfirmen und dem örtlichen Stromnetzbetreiber. Zudem regelt jedes Bundesland selbst die Vorgaben zur Bohrung von Brunnen auf Gartengrundstücken. Auch die Gestattung oder Unterbindung von Öko-Toiletten (Kompost-Toiletten, die weder Zu- noch Abwasseranschlüsse benötigen, sondern deren Inhalte auf ganz natürliche Weise in einem eigenen Komposter ökologisch wertvoll aufbereitet werden) regelt jedes Bundesland eigenständig. Falls keine Klärgrube vorhanden ist, ist dies die ökologisch und ökonomisch sinnvollere Lösung. Das Leeren einer Klärgrube schafft viel höhere laufende Kosten, eine Öko-Toilette benötigt lediglich Rindenschrot, auch günstiger Rindenmulch aus dem Gartencenter ist tauglich.

Prüfen Sie also die Bauordnung des Bundeslandes und, wenn vorhanden, die Erhaltungssatzung der Gemeinde. Darin steht, was zulässig und was genehmigungspflichtig ist und ob etwaige Aufbauten wie eine Laube Bestandsschutz genießen. Gehen Sie dabei von zwei Grundsätzen aus: Wecken Sie keine schlafenden Hund aber vergewissern Sie sich, dass, sobald Sie Geld in neue Behausungen investieren wollen, Sie diese Bauten auch rechtens errichten dürfen. Schließlich wollen Sie ihre investierte Zeit und das Geld nicht verlieren durch eine Aufforderung zum Rückbau – weil entweder die Ämter wachsam waren ... oder ein denunzierender Nachbar ...

Die interessantesten Gartengrundstücke sind also jene, die relativ leicht zu erreichen sind und dennoch recht günstig im Preis liegen, die bereits über eine Bebauung, Strom- und Wasseranschlüsse verfügen. Sie können dann eine einfache Laube oder den Geräteschuppen innen isolieren, ausbauen, eventuell erweitern oder sogar einen Bauantrag stellen für einen weiteren Bau. Auch wenn sich das Grundstück im Außenbereich befindet, kann das Bauamt hierzu eine Genehmigung erteilen. Wichtig ist, dass der Freizeitcharakter des Nutzungsvorhabens deutlich ist und nichts darauf hinweist, dass Sie sich in Ihrem Garten dauerhaft heimisch einrichten wollen. Prüfen Sie vor dem Kauf insbesondere, ob die vorhandenen und mitverkauften Aufbauten seinerzeit auch genehmigt worden sind. Das geht aus dem Grundbuch nicht unbedingt hervor und Sie laufen Gefahr, dass bei der Beantragung eines Bauvorhabens von den zuständigen Ämtern festgestellt wird, dass die gegenwärtige Bebauung durch Ihre Vorgänger unzulässig war. Nicht selten kann dann ganz offiziell auch hierfür ein Rückbau angeordnet werden! Sie sollten sich auch beim Rathaus der Gemeinde informieren, welche städtischen Flächennutzungspläne es gibt, ob in mittelbarer und unmittelbarer Umgebung des Grundstücks Bauvorhaben größeren Stils geplant oder in Zukunft zu erwarten sind. Ein klärendes Gespräch mit dem zuständigen Sachbearbeiter kann dabei helfen. Im Zweifelsfall lassen Sie sich die Aussagen schriftlich bestätigen. Sie wollen natürlich vermeiden, dass die große Wiese, an die Ihr neues Grundstück grenzt und über die der Blick aufs freie Land reicht, mit einem Supermarkt oder einem Autohaus bebaut wird, wie es in vielen kleineren ländlichen Gemeinden ja am Ortsrand oft der Fall ist.

Haben Sie erst einmal gekauft, sehen Sie zu, dass sich die zusätzlichen Investitionen mehr oder minder mit dem praktizierbaren Marktwert die Waage halten. Natürlich werden Sie über die Jahre immer wieder Summen in die Erhaltung und die Verschönerung von Garten und Laube stecken. Dabei geht es vor allem um die Freude der Nutzung. Sie fahren deshalb vielleicht auch weniger in den Urlaub oder geben im Gegenzug kein Geld aus beim Wochenend-Shopping. Dennoch: Übertreiben Sie es nicht und verfolgen Sie auch, wie sich die Preise für andere Grundstücke in der Nachbarschaft oder der Region entwickeln, ob sie sich konstant halten, sinken oder steigen. Wenn Ihr Gartenland-Projekt beginnt, ökonomisch ein Verlustgeschäft zu werden, sollten Sie sicher sein, dass die Freude und der Nutzen, die Sie daraus ziehen, dies wett machen.

Behalten Sie die Belege Ihrer Investitionen. Sie können nützlich sein, wenn Sie beim Wiederverkauf dem Kaufinteressenten gegenüber den gewünschten Kaufpreis rechtfertigen möchten!

Bauerwartungsland
Eine relative Sicherheit auf Wertzuwachs besteht, wenn das gekaufte Grundstück Bauerwartungsland ist. Dies bedeutet, dass die Wahrscheinlichkeit zur Umwandlung in Bauland hoch liegt. Meistens ist dies der Fall, wenn angrenzendes Land bereits umgewandelt worden ist (zum Beispiel, wenn sich das betreffende Grundstück direkt an der Grenze von Innen- und Außenbereich befindet), oder wenn die Infrastruktur und die Nähe zu einer großen Stadt auf eine entsprechende Nachfrage der Bauentwicklung hindeuten. Klar sein sollte dann nur, dass die Aufbauten des Grundstücks nicht Opfer einer Baunorm werden oder dem Bau der notwendigen Zufahrtsstraße weichen müssten. Womit eine wesentliche Frage angesprochen wäre: die Erschließungskosten!

Bauland
Bei bereits ausgewiesenem Bauland können solche Erschließungskosten (Zufahrt, Zuwasser/Abwasser, Strom- und Telekom-Verkabelungen...) bereits vom Verkäufer bezahlt worden sein,

oder nur teilweise. Allgemein gilt, dass die Erschließung aus Bauerwartungsland Bauland macht.

Falls diese Kosten noch nicht (alle) bezahlt worden sind, so lassen Sie sich von Amts Wegen die exakten zu erwartenden Kosten ermitteln und berücksichtigen Sie diese bei der Kaufpreisverhandlung. Nichts ist schlimmer, als mit dem eifrig Ersparten ein Grundstück zu kaufen und plötzlich ein Mehrfaches für die Erschließungskosten begleichen zu müssen! Da kann Unwissenheit schnell zu einem ökonomischen Ernstfall werden.

Je nach der verfügbaren Summe könnten Sie aber auch ein erschlossenes Baugrundstück in einer Stadt kaufen. Mitunter mag das strategisch die bessere Lösung sein. Denn ein Baugrundstück auf dem Land oder in einer kleineren Kommune deutet eher darauf hin, dass Sie dieses Stückchen Land für sich selbst kaufen, um später einmal ein Haus darauf zu errichten. Wissen Sie denn so sicher, dass dieser Landstrich dann Ihre Heimat werden soll?

Gehen Sie aber unter rein ökonomischen Betrachtungen vor und wollen sich erst einmal keine Gedanken dazu machen, wo Sie und ob Sie irgendwann einmal ein eigenes Haus errichten wollen oder können, so mag die städtische Baulücke eine Option für Sie sein. Prüfen Sie anhand von Statistiken, Umfragen, Pressemitteilungen und persönlichen Gesprächen, welche kleineren oder mittleren Städte sich gut entwickeln, wo es in einigen Jahren zu einer Wohnungsknappheit kommen könnte. Wenn Sie in einer solchen Stadt leben, konzentrieren Sie sich lieber auf dieses Ihnen dann wohlvertraute und bekannte Umfeld. Sie werden dort die bessere Kaufentscheidung treffen können. Das Baugrundstück sollte voll erschlossen sein, im besten Falle mit einer amtlichen Aussage zur Bebaubarkeit. Überprüfen Sie, ob es Auflagen gibt, bis wann das Grundstück eventuell bebaut sein muss, und welche Kosten Sie zu tragen haben, solange es brach liegt. Bestenfalls könnten Sie zwischenzeitlich die

Grundsteuer und etwaige andere Abgaben decken durch die Vermietung einer Teilfläche für Altkleider-Container oder ein Werbeschild, einen Zigarettenautomaten ...

Das Grundstück sollte so zentrumsnah wie möglich liegen und idealerweise eine echte Baulücke oder ein Eckgrundstück sein. Vermeiden Sie Hofgrundstücke. Baukosten wären hier vergleichsweise hoch (Anlieferung von Baumaterialien via Kran übers Dach des Vorderhauses, oder weite Wege von der Straße durch Höfe oder Durchfahrten) und die Genehmigungslage (Zuwege etc.) möglicherweise zu komplex.

Sie könnten das Grundstück einfach liegen lassen, mindestens 10 Jahre, um es dann, bei gestiegener Nachfrage nach Wohnraum, zu einem höheren Preis steuerfrei zu verkaufen und um somit über ein komfortableres Ausgangskapital für den Kauf einer Wohnung zu verfügen. Sehen Sie zu, dass die mögliche Bebauung ein mehrstöckiges Mehrfamilienhaus in Stil und Größe der umliegenden Gebäude vorsieht. In diesem Fall könnten Sie später auch mit einem Bauträger, der am Kauf des Grundstücks Interesse zeigt, die Aufrechnung des Grundstücks mit einer der zu errichtenden Wohnungen vereinbaren. Auch dies ist ein Weg, mit Köpfchen und Geduld zu Wohneigentum zu gelangen!

Sehen Sie sich die Preise der städtischen Baugrundstücke auf den einschlägigen Immobilienportalen online an. Sie werden erstaunt sein, wo überall solche Flächen zu einem relativ erschwinglichen Preis zu haben sind. Hier kommt es aber mehr noch als beim Wohnungskauf darauf an, dass sie das Omen von „Lage, Lage, Lage" beherzigen. Denn eine Wohnung, deren Lage nicht das erhoffte oder kalkulierte Versprechen auf Entwicklungspotenzial einlöst, können Sie dennoch mit Freude und langjährigem Nutzen bewohnen. Ein unbebautes und unbegehrtes Grundstück aber nicht!

Anlageobjekt
Immer wieder habe ich beobachtet, dass Menschen, die am Kauf einer Eigentumswohnung Interesse hatten und über ein gewisses Ausgangskapital verfügten, Ansprüche an Ihre zukünftige Wohnung stellten, die mit dem vorhandenen Kapital nicht zu befriedigen waren. Oder aber der Bedarf an Raum, zum Beispiel für eine vierköpfige Familie, war zu groß im Verhältnis zu diesem Kapital. Auch reichte die Summe dann nicht als Eigenkapital für ein erfolgreiches Ersuchen um einen höheren Bankkredit. So habe ich einige gesehen, die letzlich frustriert ihren Kaufwunsch beiseite gelegt haben, mit dem Ergebnis, dass nach einer Weile das Kapital erst angeknabbert, dann annähernd vollständig verzehrt war. Schade! Denn oft hat man nur einmal die Chance, über eine etwas komfortablere Summe zu verfügen, wenn man lange gespart, eine Abfindung erhalten oder ein Erbe ausbezahlt bekommen hat.

In diesem Falle bietet sich die Investition zur Anlage an. Wenn Sie kein Problem mit der Rolle des Vermieters haben, dann sind die, je nach Lage, beispielsweise 20.000 oder 50.000 €, die für den Kauf eines Eigenheims für die Familie nicht ausreichen, gut angelegt in einer kleinen Wohnung. Hier können Sie sich je nach finanziellem Spielraum entscheiden zwischen einem so genannten Barkauf, also ohne Bankfinanzierung, oder aber mit einem Zusatzdarlehen. Sie generieren im ersten Falle nicht nur eine gewisse Mieteinnahme, im zweiten einen durch die Mieteinnahme gegenfinanzierten Mehrwert, Sie legen Ihr Geld nachhaltig an. Wenn Sie bei der Wahl des Standortes noch an eine spätere Eigennutzung denken, umso besser! Vielleicht kann ein Kind, wenn es in vielen Jahren eigenständiger leben möchte, dort einziehen. Oder aber die alten Eltern, die Sie näher bei sich haben mögen. Bedenken Sie somit die Fragen der Mobilität, also die Lage im Erdgeschoss oder das Vorhandensein eines Aufzugs. Eigenbedarf anmelden können Sie später auch für ein

Familienmitglied.

Je nach Stadt ist abzuwägen, ob es besser ist, eine bereits vermietete oder eher eine leerstehende Wohnung zu kaufen. Bei einer vermieteten Wohnung können Sie im Vorfeld des Kaufs den Mietvertrag prüfen, den Mieter bei der Wohnungsbesichtigung kennenlernen und dann einschätzen, wie seriös dieser Mieter ist, sowohl im Hinblick auf seine regelmäßigen und fristgerechten Mietzinszahlungen als auch auf die potenzielle Fortsetzung des Mietverhältnisses. Die exakten Summen von Kaltmiete, Hausgeld und den jeweils umlagefähigen und nicht umlagefähigen Kosten sind bekannt. Sie können damit realistische Berechnungen anstellen. Auch bei einem älteren Mietvertrag und einer wahrscheinlich entsprechend niedrigeren Miete kann es sich besser rechnen, in eine solche vermietete Wohnung zu investieren. Der Kaufpreis ist dann meist ein wenig geringer.

In Städten mit einem hohen Leerstand und entsprechend günstigeren Kauf- und Mietpreisen kann es mitunter Monate dauern, bis Sie für eine leerstehende Wohnung den Mieter finden. In der Zwischenzeit müssen Sie selbst sämtliche Wohngelder bezahlen.

Prüfen Sie also den spezifischen lokalen Mietmarkt, bevor Sie sich entscheiden.

Ganz wichtig: Lassen Sie sich vom Verkäufer oder Makler stichfeste Nachweise vorlegen über die lückenlose Mietzinszahlung des gegenwärtigen Mieters. Oder die Dokumentation vergangener Mietverhältnisse. Sie sollten die höchstmögliche Sicherheit haben, hier nicht die Katze im Sack zu kaufen. Oft wird zur Beruhigung des Käufers erwähnt – gerne auch nochmals explizit im Kaufvertrag –, dass „der Mieter gegenwärtig mit seinen Mietzahlungen nicht im Rückstand ist." Das mag sein, gegenwärtig. Aber wie war die Situation vor 6 Monaten, vor 3 Jahren? Ein Vermieter, der zu verkaufen beabsichtigt, kann seine ganze Energie daran gesetzt haben, einen unseriösen und nur unregelmäßig zahlenden Mieter dazu zu bekommen, endlich seinen Rückstand zu begleichen. Dann erst lässt sich guten gewissens behaupten, dass er „gegenwärtig mit seinen Mietzahlungen nicht im Rückstand ist."

Schauen Sie sich auch sehr genau die Verbrauchszahlen mindestens der letzten 3 Jahre an, also jene Kostenpunkte für verbrauchsabhängige Medien wie Heizung und Warm-/Kaltwasser. Nur wenn das Mittel mehrerer Jahre den jeweils einzelnen Jahren in etwa entspricht, können Sie von einem konstanten und realistischen Verbrauch ausgehen. Denn vergessen Sie nicht: Gegenüber der Eigentümergemeinschaft und als deren Vertreter dem Verwalter gegenüber sind Sie als Eigentümer der erste Schuldner, der für das Hausgeld, also auch die darin enthaltenen Vorauszahlungen und Ausgleichszahlungen für verbrauchsabhängige Nebenkosten verantwortlich ist. Durch die vom Mieter gezahlten Nebenkosten holen Sie sich dann diesen Teil des Geldes zurück. Doch Vorsicht, noch einmal: Als Vermieter haften Sie eben auch für den Mieter-Verbrauch von Wasser und Heizung!

Ein Verwalter erzählte mir den Fall, bei dem in einer Wohnung ein ungewöhnlich hoher Wasserverbrauch aufgetreten war. Derart hoch, dass die städtischen Wasserwerke den Eigentümer und die Hausverwaltung alarmiert hatten. Die Zähler wurden überprüft, alles war korrekt und funktionierte. Der Mieter schien sich keines überhöhten Verbrauchs bewusst zu sein, zumindest gab er dies vor. Die Wasserwerke forderten eine sofortige Sonderzahlung zur Deckelung des Spitzenverbrauchs. Da nicht der Mieter selbst den Vertrag mit den Wasserwerken abgeschlossen hatte, sondern die Hausgemeinschaft als Ganzes, haftete die WEG. Doch diese WEG hatte keine verfügbaren Gelder auf dem laufenden Konto, um in Vorleistung zu gehen. Dieser Zwischenfall hätte die Zahlungsunfähigkeit bedeutet.

Zumal dies mitten im Abrechnungsjahr und nicht in zeitlicher Nähe zur Erstellung der jährlichen Wohngeldabrechnungen geschah. Der Eigentümer musste (und konnte wohl) also unerwarteterweise selbst einspringen, um Schaden von der WEG zu nehmen, um sich dann mit seinem Mieter auseinanderzusetzen und einen Rückzahlungsplan über die beträchtliche Summe zu vereinbaren! Es hieß, der Wasserverbrauch sei abrupt auf durchschnittliche Mengen gesunken und der Mieter habe über 3 Jahre seinen unkontrollierten Mehrverbrauch abgestottert!

Ein weiterer wichtiger Hinweis zu Anlageimmobilien betrifft die Rendite. In den meisten Anzeigen und Exposés wird mit einer in Prozent ausgedrückten Rendite geworben. Oder mit dem Kaufpreisfaktor (das Verhältnis von Jahresnettomieteinnahme und Kaufpreis). Sie können davon ausgehen, dass es sich hierbei fast nie um reelle Nettozahlen handelt. Warum? Weil in derartige Berechnungen einerseits die Nebenerwerbskosten meistens nicht mit eingerechnet werden – sondern nur der reine Kaufpreis angesetzt wird –, andererseits zudem die Nettomieteinnahme zugrunde gelegt wird, allerdings ohne Bereinigung der davon noch abzuziehenden nicht umlagefähigen Nebenkosten (wie z.B. die Zuführungen zur Instandhaltungsrücklage und die Verwalterkosten).

Wenn Sie bei einem Anlageobjekt also nicht nur darauf aus sind, Ihr Kapital in einem konkreten Sachwert anzulegen, sondern auch auf eine regelmäßige Rendite, dann stellen Sie am besten Ihre eigene Rechnung an und verlassen sich nicht auf das Werbeversprechen einer sagenhaften Verzinsung.

Es genügt, dass Sie ALLE Kosten der Anschaffung zusammenzählen, also Kaufpreis und Nebenerwerbskosten wie Maklercourtage, Grunderwerbsteuer, Notargebühren, Grundbuchkosten etc., oder auch zwingende erste Reparatur- oder Renovierungskosten. Dem gegenüber setzen Sie die um die nicht umlagefähigen Nebenkosten bereinigte Jahreskaltmiete. Nur dann verfügen Sie über einen Prozentsatz vor Steuern, den Sie mit anderen Anlageformen, z.B. der Festgeldverzinsung, vergleichen können. Vergessen Sie dabei nicht, dass die Einlage bei Festgeld als solche keinen Wertzuwachs generieren kann. Die ausgeschüttete Rendite entspricht den bereinigten Nettokaltmieten beim Wohnungskauf. Aber der Wert der Immobilie kann sich sehr wohl verändern. Bei klug gewählten und günstig gekauften Objekten nach oben. Insofern ließe sich eine komplett reelle Rendite erst im nachhinein bestimmen, wenn die Anlageimmobilie beispielsweise nach 10 oder 11 Jahren verkauft oder zumindest bewertet würde.

<u>Gemeinsam kaufen</u>
Weiter oben hatten wir bereits das Modell gesehen, zu mehreren ein Mehrfamilienhaus zu kaufen und aufzuteilen. Wenn dies Ihre Ambitionen und Ihre Kaufkraft übersteigt, so können Sie sich auch zu mehreren eine einzelne kleinere Immobilie, also eine Wohnung, eine Gewerbeeinheit oder ein Häuschen auf dem Land kaufen (ehemalige Bahnhöfe, Schulen, Autowerkstätten bieten sich z.B. gut an!). Ganz wichtig dabei ist, dass Sie die Menschen, mit denen Sie sich auf ein solches Vorhaben einlassen, sehr gut kennen. Und dann ist wesentlich, dass Sie die passende Rechtsform finden. Die einfache Lösung ist dabei eine GbR, also eine Gesellschaft bürgerlichen Rechts. Sie wird durch das BGB definiert und ist eine Personen-, keine Kapitalgesellschaft. Als Grundstückseigentümer stehen dann neben der GbR auch immer alle Namen der Gesellschafter im Grundbuch. Somit sind Sie als Person namentlich immer erwähnt und Ihre Rechte garantiert.
  Zur Gründung einer GbR genügen 2 Gesellschafter. Sie können also mit einem Freund, einer Freundin oder einem Familienmitglied gemeinsam eine Immobilie erwerben. Gegenüber Dritten haften Sie als Einheit. In einem Gesellschaftervertrag

sollten Sie dann vor allem regeln, was geschieht, wenn einer der Gesellschafter seinen Anteil verkaufen möchte oder muss. Wie viel Vorlaufzeit soll eingeplant werden? Gibt es Sperrfristen? Im Idealfall sollten die anderen Gesellschafter, auch wenn Sie zu dritt, zu viert oder zu noch mehreren kaufen, ein Vorkaufsrecht für die Anteile des scheidenden Gesellschafters eingeräumt bekommen. Oder aber den verbleibenden Gesellschaftern muss ein Wahlrecht zugestanden werden, sich den neuen Gesellschafter, also Miteigentümer, eigenständig auszuwählen. Es muss in der Übereinkunft ein Gleichgewicht herrschen, damit jeder Beteiligte recht schnell über das eigene Kapital verfügen kann. zeitgleich aber Sicherheit herrscht, dass das Gemeinschaftsprojekt nicht gefährdet wird durch das Ausscheiden eines alten oder den Eintritt eines neuen, ungewünschten da unpassenden Gesellschafters.

In jedem Falle sollten Sie sich hier von einem Anwalt und/oder Notar begleiten lassen!

Je nach Lebensform wäre es denkbar, dass Sie sich mit anderen zusammenschließen, um eine gemeinsame Zweitwohnung zu kaufen. Wenn beispielsweise alle beruflich oder privat regelmäßig an einem 2. Standort zu tun haben. Berlin war und bleibt eine Stadt, in der viele eine Zweitwohnung haben, oft ein gemietetes Zimmer in einer WG. Warum also nicht kaufen? Jedem Miteigentümer können, wenn man es ganz klar regeln möchte, gewisse Tage oder Nutzungsperioden zugeteilt werden. Der eine ist lediglich an den Wochenenden in der Stadt, der andere aber nur unter der Woche (mehr dazu unter dem letzten Punkt dieses Kapitels: Timesharing!).

Nutzen und Lasten werden im Innenverhältnis geteilt, alle profitieren vom Wertzuwachs. Es geht ja hauptsächlich immer noch darum, dass Sie sich auch mit wenig Mitteln am Anfang nach und nach ein etwas größeres Kapital schaffen, um dann eine günstigere Ausgangssituation zu haben für den Kauf einer Immobilie, die Sie selbst alleine bewohnen können. Oder aber Sie merken, dass Ihnen das geteilte Eigentum und die kollektive Lebensform passen. Dann könnten Sie sich auch vorstellen, an mehreren solchen Einheiten beteiligt zu sein. Das schafft Flexibilität und die Streuung von Kapital, also die Verringerung des Risikos. Im Grunde würde dieses Prinzip dann einem Immobilienfonds ähneln. Nur dass Sie direkter beteiligt sind und die Fäden besser in der Hand halten. Ich würde das selbstverwaltete „Glück" dem fremdverwalteten immer vorziehen!

Denkbar ist auch der kollektive Kauf einer Wohnung zur Kapitalanlage. Die Mieteinnahmen werden dann höchstwahrscheinlich für jeden der Miteigentümer der Wohnung recht gering ausfallen. Aber der monatliche Betrag kann ein Teil der Refinanzierung sein oder eine Rücklage bilden für die Instandhaltung oder die Sanierung bei einem Mieterwechsel. In diesem Modell ginge es dann zunächst um die Anlage des vorhandenen Kapitals eines jeden; in mittelfristiger Sicht um die Erwirtschaftung eines Zugewinns durch den Verkauf.

Ähnlich sieht es aus, wenn Sie sich gemeinsam mit anderen eine Ferienimmobilie kaufen. Gerade hier ist die zeitliche Aufteilung der Nutzungsperioden sehr nachvollziehbar und in der Praxis einfach(er) umzusetzen.

Eine Wohnung am Meer, ein Haus in den Bergen oder gar eine Auslandsimmobilie, vielleicht in der Sonne? Hier legen Sie Ihr Kapital, mit dem Sie alleine nicht so viel bewerkstelligen können, sinnvoll an, schaffen eine Gemeinschaft mit Menschen, die Sie schätzen, und nutzen den Ort wahrscheinlich genauso viel wie sie es würden, wenn Sie alleiniger Eigentümer wären. Die laufenden Kosten und die Instandhaltung sind also wesentlich geringer. Und mehr als einige Wochen übers Jahr verteilt können Sie meist ohnehin nicht dort sein.

Ein Tipp, wenn Sie als Ehe- oder Lebenspartner eine Immobilie kaufen wollen, insbesondere, wenn Sie bereits etwas älter sind und den andern womöglich absichern wollen, oder auch eine andere, erste Familie haben, oder wenn Ihre Lebenspartnerschaft nicht rechtskräftig besiegelt ist: Anstatt gemeinsam eine Wohnung zu kaufen, bietet es sich an, zwei nebeneinander liegende Wohnungen zu kaufen und diese dann gemeinsam zu nutzen. (mit oder ohne Wanddruchbruch). Somit ist jeder für die Finanzierung der eigenen Wohnung verantwortlich, der tägliche Nutzen kommt aber dem einer gemeinsamen Wohnung gleich. Und auch wenn der eine Partner mehr Mittel zur Verfügung hat und intern dem anderen damit unter die Arme greift, sind die rechtlichen Verhältnisse und auch die Beziehung zu Dritten klar geregelt. Keine Ex-Partner oder Kinder können auf den Teil des neuen Partners zugreifen. Und die beiden Lebenspartner können sich per Vertrag gegenseitig als Erben einsetzen. Bei etwaigen Rechtsstreitigkeiten mit anderen Erben des Partners wäre der eigenen Lebensraum nicht gefährdet, da man ja alleiniger Eigentümer dieser kleineren Wohnung ist. Die Auseinandersetzungen würden sich dann lediglich auf die andere Wohnung beschränken.

Der Vorteil zweier neben- oder übereinander liegenden Wohnungen ist auch die größere Flexibilität beim Wiederverkauf. Im Notfall kann nur eine der Wohnungen veräußert werden und man zieht gemeinsam in die kleinere, oder vermietet sie und sucht sich andernorts eine neue Bleibe. Und beim möglichen Verkauf beider Wohnungen ist das Argument der Zusammenlegung wertsteigernd, also lässt sich höchtwahrscheinlich ein höherer Kaufpreis erzielen.

Auslandsimmobilie
Mit dem Begriff der Auslandsimmobilie verbinden viele von uns eher Reichtum und Luxus. Teure Immobilien also. Es genügt,

sich die Rechenbeispiele in spezialisierten Immobilienratgebern (zum Beispiel für Spanien oder Südfrankreich) anzusehen, in denen wie selbstverständlich mit Hunderttausendersummen hantiert wird.

Aber in vielen Ländern können Sie sich mit einer kleineren Summe, die für einen intelligenten Immobilienkauf im Inland nicht ausreicht, ein Kleinod schaffen. Luxus kann gerade auch sein, die Einfachheit zu suchen, das echte Leben im Land fernab von ausgetretenen Pfaden und der entsprechend hochpreisigen Lebenshaltung.

Ich empfehle Ihnen bei einem Auslandsprojekt vor allem eines: Kaufen Sie nur in einem Land, dessen Sprache Sie beherrschen! Sie werden mit genügend Unwirtlichkeiten zu tun haben, sich einstellen müssen auf Besonderheiten, auf Unbekanntes. Da sollten Sie nicht zudem noch in der geschwächten Position sein, bei Kaufverhandlungen und Vertragsabschlüssen sprachlich nicht ALLES zu verstehen. Die Abhängigkeit von einem Übersetzer oder Dolmetscher, ganz abgesehen von den Mehrkosten, birgt Gefahren, die mitunter teuer werden können. Nur wenn Sie diese ersten Etappen sprachlich eigenständig meistern können, werden Sie sich auch in der Folge in diesem anderen Land bewegen und wohlfühlen können.

Achten Sie bei einer Auslandsimmobilie darauf, dass Sie sich zuvor eindringlich mit den Besonderheiten des Immobilienkaufs in diesem Land befassen. Für die klassischen Länder des europäischen Südens gibt es spezifische Ratgeber. Wenn Sie sich einen Überblick verschafft haben, scheuen Sie nicht die Kosten, sich fachlichen Rat zu holen, bis das Projekt in trockenen Tüchern ist. Es ist nützlich, wenn Sie sich mit den Prinzipien des Immobilienkaufs im Inland auskennen – wozu dieses Buch beitragen will. Somit verfügen Sie über einen Referenzrahmen, auf den Sie die neuen, fremden Eigenheiten beziehen können.

Wir wissen alle nicht, was die Zukunft uns bringen wird; ob die Wahl einer Immobilie im Ausland sich wirtschaftlich und politisch einmal als weise darstellen wird. Zunächst einmal sollten Sie Freude daran haben, und Lust auf das Anderswo. Von der Gegenwart auszugehen ist auch das einzig Mögliche. Dennoch: stellen Sie sich auch Fragen hinsichtlich politischer Stabilität und wirtschaftlicher Entwicklung (Wiederverkaufsaussichten). Erkundigen Sie sich, wie und wann ein eventueller Zugewinn besteuert würde, welche laufenden Steuern und Abgaben in den Jahren des Besitzes anfallen (auch bei zeitweiliger Vermietung), wie die Situation im Erbfall aussehen würde.

Im besten Fall machen Sie Urlaub in der Region, die Sie näher in Betracht ziehen, schauen nach Infrastrukturen und sprechen mit den Menschen vor Ort. So ergibt sich oftmals, dass man von Häusern oder Wohnungen erfährt, die offiziell gar nicht auf dem Markt sind. Von zuhause aus vorsortieren ist gut, aber nichts ersetzt eine Besichtigung vor Ort. Testen Sie auch das Klima. Insbesondere im Süden heißt dies nicht immer Dauersonne, Trockenheit und frostfreie Zeiten. Der Vorteil einer Immobilie im Süden ist allerdings oft, dass bei Leerstand nicht zwingend geheizt werden muss.
 Und bedenken Sie zu guter Letzt die Kosten, die Sie für die An- und Abreise zu tragen hätten, und ob sich dies dann, angesichts Ihres Lebensstils und Ihrer Einkommenssituation, überhaupt rechnet.

Gewerberäume
Vom Prinzip her einem Wohnungskauf gleich, in der Nutzung aber anders ist der Kauf eines Gewerberaums als Mehrzweckfläche, sofern Sie selbst freischaffend sind und Platz benötigen. Achtgeben sollten Sie hier, dass Sie privat kaufen oder aber, wenn Sie Ihren Anteil als Betriebsvermögen führen, sich diese Variante

für Sie lohnt. Besonders im Bereich der Kreativberufe sind die gemeinsame Nutzung einer größeren Fläche und die oft genossenschaftlich geregelte Rechtsform recht verbreitet. Warum dies nicht auch auf eine Immobilie anwenden, deren Besitz jedem Beteiligten eine gewisse finanzielle Absicherung seines Arbeitsortes bieten kann?

Ich habe in der Vergangenheit einige so genannte Creative Clusters entwickelt. Also das Nutzungskonzept für ganz konkrete Immobilien. Je nach Größe und Lage lässt es sich leicht umsetzen, mehrere Nutzungsformen in guter Ergänzung und zum gegenseitigen Vorteil in ein solches Konzept zu integrieren. Stellen Sie sich eine große Fläche wie eine Loftetage in einer alten Fabrikhalle vor. Durch die individuell zu gestaltenden Raumabtrennungen durch Trockenbauwände können alle Beteiligten Flächen in Proportion zu ihrer Kapitalbeteiligung schaffen. So entstehen vielleicht Büros und Ateliers, Praxisräume für Workshops und Kurse, Lagerflächen, schallisolierte Repetitionsstudios für Musiker, Ausstellungsflächen für Galerien etc. Oder aber, in anderen Bereichen, flexible und turnusmäßig genutzte Flächen für Yoga- oder Tanzkurse, so genannte Office-Desk-Arbeitsplätze für Start-Ups, für Grafiker oder Architekten, oder komplett frei gestaltbare Einzelbüros. Durch eine sorgsam durchdachte Rechtsform können Sie als Gesellschafter privat am Kapital der Immobilie beteiligt sein, selbst aber dann einen Gewerbemietvertrag mit der GbR für die Nutzung Ihrer benötigten Flächen abschließen und die laufenden Kosten steuerlich geltend machen.

Haben Sie die Gruppe gefunden, mit der Sie einen solchen Kauf für eine jeweils professionelle Nutzung umsetzen möchten, lassen Sie sich von einem Anwalt und Steuerberater ausführlich beraten und begleiten. Alleingänge ohne die fundierten rechtlichen und steuerrechtlichen Absicherungen führen Sie schnell ins Verderben. Lassen Sie sich aber, bevor Sie konkrete Schritte umsetzen, die jeweiligen Aussagen schriftlich zusammengefasst vom jeweiligen Berater bestätigen. Nur dann ist er in der Haftung für seine Aussagen!

Crowdinvesting
Diese neuere Form der Fremdfinanzierung für ein Investitionsvorhaben, oder wie auch das Crowdfunding im Falle der Finanzierung eines spezifischen Projektes, ermöglicht es, durch die Einlage der Menge (crowd) an Kleinstinverstoren das Kapital für die Investition zu generieren. Auch hier gilt es, die Rechtsform und die Seriosität eines solchen Vorhabens, wenn man sich an einem fremden Crowdinvesting beteiligen möchte, sehr genau zu prüfen, oder, für ein eigenes Vorhaben, die einzelnen Schritte und Konsequenzen zu durchdenken.

Zwei Beispiele:
1. Ein eigenes Investitionsvorhaben, also den Kauf einer Immobilie, mit dem näheren Umfeld der eigenen „Crowd" realisieren, gegebenfalls auch unter Einbeziehung weiterer Kreise, die über das Internet oder gezielte Suche und Werbung erreicht werden können.

Stellen Sie sich vor, eine Künstlergruppe benötigt für ihr Gemeinschaftsatelier eine Fläche von 100 m², die sie aber nicht komplett finanzieren kann. Der Fehlbetrag muss also fremdfinanziert werden. Um die Klein- und Kleinstinvestoren zu einer finanziellen Unterstützung zu motivieren, müssen Gegenwerte geschaffen werden. Nun könnte man denken, in der Kunst überwiege das rein Ideelle. Nein, auch dort nicht, oder nicht mehr oder weniger als anderswo. Also braucht diese Künstlergruppe eine andere Lösung. Kunstwerke! Also, im Sinne des Crowdfunding, Waren. Oder auch Dienstleistungen, so zum Beispiel die Nutzung der zu erschaffende Atelierfläche. Sagen wir, die Gruppe benötigt 50.000 €. Es gibt Einlagen zu 100, 500,

1.000, 2.000, 5.000 €. Als Gegenwert werden bei den geringeren Summen Editionen, also Originaldruckgrafiken (einzeln oder in Mappen), signierte Fotografien oder Kleinauflagen von Skulpturen angeboten, für die höheren Summen dann Originalzeichnungen oder andere Unikate, Malerei, Skulptur etc. Alternativ dazu der Gegenwert einer ortsspezifischen Arbeit, die von einem oder allen der Künstler am Wohnort oder am Arbeitsplatz des Kleininvestors ausgeführt wird, zum Beispiel Kunst am Bau.

In einer Werbeaktion durch das gezielte Verteilen von Flyern, etwa bei einer vorausgehenden Gruppenausstellung, und durch den Auftritt über eine eigene Webseite wird das Vorhaben vorgestellt, die benötigte Summe ausgeschrieben, der Stichtag für das Erreichen dieser Summe festgelegt und detailliert aufgelistet, wer was für seine Einlage erhalten kann. Somit gibt die Künstlergruppe sich die Möglichkeit, Kollegen, Freunde, Familien und vor allem den eigenen Kundenstamm für das Vorhaben zu begeistern. Wichtig ist, dass allen verständlich ist, worin das Vorhaben besteht: ein Atelier auf Dauer zu sichern. Je nach Umfeld kann es auch sinnvoll sein, das weitere Fortbestehen der Räume vorauszudenken und dies auch zu kommunizieren. So mag der Eigentum an der Immobilie genossenschaftlich geregelt sein, oder es mag in den Statuten der GbR, die dafür zu gründen ist, die Auflage festgeschrieben werden, dass das Ausscheiden eines der Künstler und Miteigentümer nur möglich ist, wenn er den verbleibenden Kollegen mindestens 3 seriöse Ersatzkandidaten vorschlägt, aus denen die Gruppe dann ihren neuen Mitstreiter auswählt.

Der Vorteil einer solchen Finanzierung besteht darin, dass Gelder generiert werden können durch Verkäufe, deren Erlös und deren Motivation in diesem Falle zweckgebunden sind. Denn es geht dabei um den sehr guten Zweck, der kreativen Gruppe nachhaltig den Arbeitsort zu sichern. Ein Sammler, der vielleicht nicht gerade jetzt eines der Werke eines Künstlers kaufen wollte, lässt sich mit hoher Wahrscheinlichkeit leichter zu einem weiteren Kauf bewegen, wenn er darum weiß, was dahintersteckt, wozu das Geld, das er ausgibt, verwendet werden soll.

Natürlich ist es auch immer ein Spiel mit Stolz und Eitelkeit. Das Kaufen einer Mikroeinlage kann auch damit verbunden sein, mit dem eigenen Namen Teil zu werden einer dann entstehenden Wandinstallation innerhalb des Ateliers, beispielsweise an der hohen Stirnwand des Gemeinschaftsraums mit Teeküche, wo die Namenszüge der Ermöglicher in die Gipswand gelasert werden.

Künstlerkollegen, die eine Einlage leisten möchten, nicht aber ein Werk im Gegenzug erhalten wollen, kann auch eine zeitlich befristete Nutzung eines der Atelierräume – oder eines kleinen, angeschlossenen Ausstellungsraums – angeboten werden. Somit würde die finanzierte Immobilie zum Teil selbst zur Gegenleistung.

Für die Ateliergemeinschaft bedeutet eine solche Finanzierung, dass sie alleinige Eigentümer der Immobilie werden, die Kleininvestoren also nicht am Kapital des Ateliers beteiligen.

Ein ähnliches Vorhaben lässt sich auch übertragen auf andere Milieus und Berufsgruppen. Und es lässt sich naturgemäß auch leichter umsetzen für einen professionell motivierten Kauf denn für einen Privatkauf, bei dem es für Dritte weniger nachvollziehbar ist, weshalb sie ihn mitfinanzieren sollten.

2. Sich an einem fremden Investitionsvorhaben als Kleininvestor beteiligen bedeutet für Sie, dass Sie Ihr Geld, also höchstwahrscheinlich jene Summe, die für den Kauf einer eigenen Immobilie nicht ausreicht, sicher anlegen wollen. Geht es also nicht darum, wie im oberen Beispiel, einen einmaligen Gegenwert für Ihre Einlage zu erhalten, so sollten sie darauf

achten, dass Ihr zur Verfügung gestelltes Kapital auch gut verbrieft ist. Am besten ist dies sicherzustellen, wenn Sie mit Ihrer Kapitaleinlage des Crowdinvesting einen entsprechenden Anteil an der Immobilie halten, meist durch den Anteil der Gesellschaft, die als solche im Grundbuch eingetragene Eigentümerin ist. Wenn es Ihnen selbst nicht möglich ist, eine eigene Wohnung zu kaufen und Sie sonst aber – beruflich – keinen weiteren Raum benötigen, so gibt es Projekte, an denen sie sich vielleicht gerne beteiligen möchten, finanziell und als ideeller Unterstützer.

Stellen Sie sich vor, die Kita oder der Kindergarten Ihres Kindes musste in den letzten Jahren mehrfach umziehen, weil die Räume immer wieder nur prekär anzumieten waren. Nun möchte sich der Hort auf solide Beine stellen und eine passende Fläche kaufen. Sie als Eltern können das Vorhaben mitfinanzieren, weil Sie die Betreuer und ihre Arbeit schätzen. Werden Sie Kleininvestor einer Einlage, so legen Sie Ihr Kapital nicht anonym an, sondern profitieren selbst von den konkreten Auswirkungen: die Hortarbeit kann weitergehen! Der andere Gegenwert liegt in der Immobilie. Ihren Anteil können Sie halten, auch wenn Ihre Kinder schon lange zur Schule gehen werden, oder aber Sie verkaufen ihn später weiter an andere Eltern.

Die monetäre Rendite Ihrer Einlage ist die Verzinsung durch den Mietzins, der anteilmäßig an die Kleininvestoren-Eltern ausbezahlt bzw. mit den Monatsbeiträgen für den Kita-Platz Ihres Kindes verrechnet wird. Eine Win-Win-Situation, die das klassische Anmieten von Räumen und das Zahlen eines Mietzines an unbekannte und unbeteiligte Dritte als Alternative blaß aussehen lassen!

Timesharing
Die meisten werden das Prinzip des Timesharing von Urlaubsressorts kennen. Der Besitzanteil an einem Portfolio aus Ferien-

immobilien gesteht Ihnen im Gegenzug eine bestimmte Nutzungsdauer an diesen Immobilien zu, so dass Sie einmal hier, einmal dort Urlaub machen können.

In vielen Berufsfeldern im urbanen Umfeld, wie weiter oben bereits angesprochen, lässt sich ein ähnliches Prinzip auch auf den eigentlichen Wohnungsmarkt übertragen, und Sie können sich gemeinsam mit wenigen anderen einen eigenen Zeitnutzungs-Wohnpark schaffen. Viele Menschen sind beruflich und damit oft auch privat mobil. Sie leben an zwei oder drei Standorten gleichzeitig. Eine angestammte Wohnung an Ort A, eine zweite solche an Ort B – denn dort gibt es einen Lehrauftrag an der Universität – und dann noch die dritte Bleibe, das WG-Zimmer in der Hauptstadt, das man seit Studienzeiten nie aufgegeben hat und weil es doch immer wieder nützlich ist, dort einige Termine wahrzunehmen. Eine von außen betrachtet beneidenswerte Situation, die oftmals mehr Wohlstand suggeriert als eigentlich vorhanden ist. Mobilität ist heutzutage nämlich nicht selten ein Synonym für eine gewisse Präkarität! Nur wer den Einnahmequellen hinterherzieht, hat ein Einkommen, und ohne Einkommen kein Auskommen. Doch die Folgekosten sind oft erheblich und meist wie Pulverschnee: schön anzuschauen, wenig konsistent. Warum also nicht auch hier die Energien bündeln, Gleichgesinnte in ähnlicher Situation föderieren und gemeinsam zwei, drei oder vier Immobilien kaufen. Dies lässt sich, sofern Sie nicht nur an einem, sondern an allen Standorten beteiligt sein wollen, allerdings nur dann realistisch umsetzen, wenn Sie doch über eine ausreichende Summe verfügen, die Ihnen ansonsten eine eigene Wohnung finanzieren könnte. Anstatt die Summe, die also ausreichen würde, eine kleine 2- oder 3-Zimmerwohnung in A zu kaufen, an diesen einen Ort zu binden, könnten Sie das Kapital in eine GbR (so wie weiter oben bereits ausgeführt) einbringen, genau wie ein, zwei oder drei Freunde, Bekannte oder Kollegen auch. Es gilt, mit jenen eine Gruppe zusammenzustellen, die an denselben Standorten wie Sie leben und arbeiten. Stellen Sie sich also eine Dreiecks-Lösung vor: drei Mal Kapital, drei Eigentumswohnungen, jedem der drei Beteiligten gehört über die GbR genau ein Drittel jeder Wohnung. Alle drei Wohnungen sind 2-Zimmer-Wohnungen. Jeder der drei Beteiligten ist für eine der Wohnungen der Hauptzuständige und bewohnt eines der Zimmer der entsprechenden Wohnung permanent und exklusiv. Jeder hat Schlüssel zu allen drei Wohnungen und kann frei verfügen über das jeweils zweite Zimmer in beiden anderen Wohnungen. Es genügt, sich zeitlich abzustimmen, um sicherzustellen, dass es zu keinen Überschneidungen für die Nutzung der zweiten Zimmer kommt.

Die Vorteile liegen auf der Hand: Hier behalten Sie eine angestammte Heimatadresse, haben aber die nachhaltige Möglichkeit, die anderen Standorte zu nutzen. Zudem streut sich das Kapital, die Marktentwicklung an drei verschiedenen Standorten verringert das Risiko. Die ohnehin aufzubringenden Kosten für eine doppelte oder dreifache Haushaltsführung fließen hier ins eigene Kapital.

Sind die beruflichen Standorte aber auf mittelfristige Sicht nicht sicher, so lässt sich dieses System auch ausweiten auf andere Menschen und andere Wohnungen. Die Gefahr bei zu vielen Beteiligten wird jedoch die Übersichtlichkeit und die Verwaltung. Persönlich würde ich ein solches Timesharing und das verflechten von Eigentum nur mit Menschen meines Vertrauens und auf längerfristige Sicht realisieren wollen.

Der konkreten Ausformung eines derartigen Vorhabens sind aber nur die Grenzen der Vorstellungskraft gesetzt. Die Beispiele hier sollen und können lediglich dazu dienen, Ihre eigenen Überlegungen in Gang zu setzen und Sie dazu anzuregen, sich Lebensformen anhand des benötigten Wohnumfelds auszudenken. Dabei ist die Solidarisierung und Föderalisierung mit anderen gewiss ein wichtiger und richtiger Schritt, wenn man zum einen nicht über ausreichend finanzielle Mittel verfügt, zum anderen aber auch nicht alleine mehrere Orte, die die meiste Zeit ungenutzt bleiben, anmieten möchte.

Setzen Sie sich mit den Freunden und Kollegen zusammen, die für Sie zu einem solchen Vorhaben geeignet wären, und erläutern Sie Ihre Ideen, diskutieren Sie, betreiben Sie Brainstorming, machen Sie Notizen, schreiben Sie vorbehaltlos die Pro- und Kontra-Argumente auf. Schauen Sie, was möglich ist, verwerfen Sie die Ansätze, lassen Sie sie weiter reifen, verbessern und vereinfachen Sie das angedachte Modell, halten Sie Ausschau nach weiteren oder anderen Mitstreitern und Sie werden merken, wie sich langsam das Richtige herauskristallisiert.

Erst dann sollten Sie handeln und sich fachlichen Rat für die Statuten eines solchen Gemeinschaftsprojektes holen.

Der Weg steht Ihnen offen, voran!

Schlusswort

Wie auch immer Ihr Weg zu Ihrer Immobilie sein wird, lassen Sie sich davon nicht abbringen! Es gibt immer die Zweifler, die Warner, die Schwatzer und die Prahler. Sie aber gehen Ihren Weg, so hoffe ich, nach der Lektüre dieses Buches als zielstrebiger, abwägender und mündiger Mensch. Holen Sie sich weiteren Rat, lesen Sie andere Bücher, es gibt derer einige gute, die manche Detailfragen hinsichtlich des Rechts oder des Steuerrechts klar ausleuchten.

Hören Sie nicht auf jene, die Ihnen vorschwärmen, zu welch niedrigem Preis sie selbst vor nur wenigen Jahren gekauft haben, als es noch der richtige Zeitpunkt war.

Der richtige Zeitpunkt für den Kauf Ihrer Immobilie ist der Moment, in dem Sie dazu bereit sind. Kein anderer Moment zählt. Gehen Sie immer davon aus, was für Sie hier und jetzt, da Sie entschieden sind, umsetzbar ist. Und wenn die Preise dies dort, wo Sie sind, nicht mehr erlauben, dann suchen Sie anderswo, kleben Sie nicht an Ihrer Scholle! Einer der großen Vorteile und eine wunderbare Seite unserer freien Gesellschaften ist die Freizügigkeit. Wir haben ausreichend Beispiele gesehen, die Ihnen zeigen, dass der Immobilienkauf nicht immer den Hauptwohnsitz betreffen muss, dass es ausreichend andere Ansätze gibt anzufangen, einen ersten Schritt zu unternehmen, um sich mit dem Immobilienmarkt zu befassen und daran teil zu haben. Niemand kann Ihnen das eigenverantwortliche Handeln abnehmen, und das ist auch gut so. Werden Sie aktiv und genießen Sie den Weg, Sie werden dabei viel lernen, über sich selbst, über andere, über diese Welt, in der wir alle versuchen, ein Auskommen zu finden. Versuchen Sie es unter vielem anderen mit der Schaffung von Immobilieneigentum. Und teilen Sie Ihre Erfahrungen mit anderen, begeistern Sie Freunde, Familie, Nachbarn von ihrem umgesetzten Traum, beweisen Sie am konkreten Beispiel, dass es möglich sein kann, wenn man sich die Mittel, alle Mittel, dazu gibt. Denn Informationen und Erfahrungen mit anderen zu teilen bedeutet, Wege aufzuzeigen, die für jeden den Zugang zu mehr Freiheit, Freude, Sicherheit und Verantwortung bedeuten kann. Diese zu oft und fäschlicherweise als sich ausschließende Werte lassen sich nämlich wunderbar erreichen als eine Einheit. Nehmen Sie doch mal den Immo-Weg!

Über den Autor

Adrian Kugelstadt, 1971 geboren. Nach einem Wirtschaftsabitur wusste er, was er nicht machen wollte. Doch die betriebswirtschaftlichen Grundlagen halfen ihm früh, bei seiner Laufbahn im Kreativbereich nicht den Boden unter den Füßen zu verlieren. Er lebte lange Jahre in Frankreich und England, war als Sprachlehrer, Übersetzer und Journalist in Paris tätig, wo er sich mit Anfang zwanzig die erste eigene Immobilie kauft, eine zu 90 % finanzierte Dienstbotenkammer unter den Zinkdächern der Stadt – der erste Schritt zur materiellen Absicherung einer Existenz ohne Rentenansprüche. Als er knapp zwei Jahrzehnte später nach Deutschland zurückkehrt und sich in Berlin niederlässt, erkennt er das Potenzial in der Verbindung von Kreativwirtschaft und Immobilien. Nicht nur als Brotjob, sondern aus Überzeugung und Begeisterung gründet er mit Freunden einen exklusiven Immobilien-Service und arbeitet als Makler und innovativer Immobilienberater u.a. für Kunden aus Kunst, Musik und Medien, führt dabei Due-Diligences durch und entwirft Nutzungskonzepte für Creative Clusters. Derzeit schreibt er am zweiten Buch zum Thema Immobilien: Wie sich mit wenig Mitteln in einer Mini-Laube die Lust aufs Häuschen im Grünen umsetzen lässt.

www-immobilien-fuer-jeden.de
info@immobilien-fuer-jeden.de

Notizen:

TEIL 3 CHECKLISTEN — A. Eigenkapital

Position	Summe	Anmerkungen	X
Schnelles Eigenkapital:			
Verkauf Computer/Zweitcomputer			
Verkauf Erbstück			
Verkauf (Familien-)Schmuck			
Verkauf div. Hausrat			
Verkauf Kleidung			
Auflösung Sparbuch			
Rückkauf Lebensversicherung			
Verkauf Wertpapiere/Münzen			
Geldgeschenke			
Sonstiges			
Gesamtsumme schnelles Eigenkapital			

Position	Summe	Anmerkungen	X
Langsames Eigenkapital:			
Verzicht Urlaub			
Nebenjob			
Gehaltserhöhung			
Sonstiges			
Gesamtsumme langsames Eigenkapital			
Gesamtsumme verfügbares Eigenkapital			

Notizen:

CHECKLISTEN — B. **Bankakte/Bankgespräch**

Bedarf in EUR:

Kreditfinanzierung bei unterschiedlich hohem Einsatz von Eigenkapital

Position	Fall A	Fall B	Fall C
Kaufpreis			
Nebenerwerbskosten			
Sanierungskosten			
Folgekosten			
Eigenkapital			
benötigter Kreditbetrag			
Finanzierungs-angebote	**Bank A:**	**Bank B:**	**Bank C:**
Angebotener Kreditbetrag			
Effektiver Jahreszins			
Kreditlaufzeit			
Zinsbindung in Jahren			
Monatsrate			
gesamter Zinsaufwand in €			
Modalitäten Sondertilgungen			
Kreditversicherung			

Notizen:

Zusammenstellung Immobilienakte

Dokument	X	Anmerkungen
Kopie Personalausweis		
Kopie Reisepass + Anmeldebestätigung		
Auszug Geburtsregister		
Kopien Kontoauszüge		
Bescheinigung Mietschuldenfreiheit		
Aufstellung Einkommen + Wohnungskosten		
Nachweis anderer Kreditverpflichtungen		
Kopie Lohn- oder Einkommensteuererklärungen		
Kopie Arbeitsvertrag		
Nachweise anderer Einkünfte		
Bürgschaften		

Notizen:

CHECKLISTEN — C. **Prioritätenliste**

Position	Anzahl/ Menge	Was ist wichtig?	X
Grundriss allgemein			
Zimmer/Räume			
Ausrichtung			
Altbau/Neubau			
Etage/Lage			
Schlafzimmer			
Wohnzimmer			
weitere Zimmer			
Küche			
Bad/WC			

Position	Anzahl/ Menge	Was ist wichtig?	X
Balkon/ Terrasse/ Garten			
Abstellraum			
Keller			
Gemeinschaftseigentum			

Notizen:

CHECKLISTEN — D. **Standort-Check**

Position	ja X	nein X	m/min.	Zustand	Anmerkungen
Verkehrs-anbindung:					
Bus/Haltestelle					
Straßenbahn/Haltestelle					
U-Bahn/Station					
DB-Bahnhof					
Flughafen					
Autobahn					
Parkmöglichkeiten					
Garage/Stellplatz					
Täglicher Bedarf:					
Supermarkt					
Wochenmarkt					
Gemüsehändler					
Bäcker					
Metzger					
Zeitschriften/Tabak					
Bank/Geldautomat					
Tankstelle					
Sonstiges					

Position	ja X	nein X	m/min.	Zustand	Anmerkungen
ärztliche Versorgung:					
ambulanter Pflegedienst					
praktische Ärzte					
Fachärzte					
Krankenhaus					
Apotheke					
Sonstiges					
kulturelle Infrastruktur:					
Kino					
Konzertsaal					
Museen					
Sonstiges					
Sport-Infrastruktur:					
Schwimmbad					
Turnhalle					
Tennisplatz					
Sportplatz					
Fitness-Center					
Sonstiges					

Position	ja X	nein X	m/min.	Zustand	Anmerkungen
Ausbildungseinrichtungen:					
Kita					
Kindergarten					
Grundschule					
Hauptschule					
Real-/Mittelschule					
Gymansium					
Berufsschule					
Fachhochschule					
Universität					
Sonstiges					

Notizen

Position	Wann?	Anmerkungen
positive Faktoren Wertentwicklung:		
-		
-		
-		
-		
negative Faktoren/ Beeinträchtigungen:		
-		
-		
-		
-		

Notizen:

CHECKLISTEN — E. **Besichtigung**

Position	Anzahl/ Menge/ Datum	Anmerkungen	X
Sondereigentum allgemein:			
Zimmer/Räume			
Ausrichtung			
Altbau/Neubau		Baujahr: letzte Sanierung:	
Etage/Lage		Außenwände: Wände zu Nachbarn:	
Schlafzimmer			
Wohnzimmer			
Weitere Zimmer			
Küche			
Bad/WC			
Flur			

Position	Anzahl/ Menge/ Datum	Anmerkungen	X
Balkon/ Terrasse/ Garten			
Abstellraum			
Keller			
Gemeinschaftseigentum allgemein			
Keller/Fundamente			
Eingangsbereich/ Durchfahrt/ Briefkastenanlage/ Klingel-Tableau/ Hof			
Treppenhaus			
Wohnungs- eingangstüren			
Fenster allgemein			
Heizungsanlage			
Wasseraufbereitungs- anlage			
Dach		letzte Sanierung:	
Steigleitungen			

Position	Anzahl/ Menge/ Datum	Anmerkungen	X
Substanz/ Geschossdecken			
Wärmedämmung			
Schallschutz			
Versicherungsfälle	Wann?	Was?	
Situation angrenzende Grundstücke			

Notizen:

CHECKLISTEN — **F. <u>Gesamtkostenübersicht</u>**

Position	Summe	Anmerkungen	X
Kaufpreis			
Maklercourtage			
Grunderwerbsteuer ___ % des Kaufpreises			
Notarkosten			
Grundbuchkosten/ Hypothekeintragung			
ggfs. Reisekosten			
Sonstiges			
Gesamtsumme Kauf			
Sanierungskosten Wohnung			
Anschaffungskosten, z.B. Einbauküche			
Instandhaltung/ Sonderumlage WEG			
Sonstiges			
Gesamtsumme Sanierung/Einbauten			

<u>Notizen:</u>

Position	Summe	Anmerkungen	X
Übertrag Gesamtsumme Kauf			
Übertrag Gesamtsumme Sanierung/Einbauten			
Umzug			
Ummeldekosten Telefon, Internet etc.			
Sonstiges			
Gesamtsumme Umzug			
GESAMTSUMME IMMOBILIENPROJEKT			
Monatliche Belastungen:			
Bankrate			
Bausparvertrag			
Privatkredit			
Sonstiges			
Monatliche Gesamtbelastung			

DATEI-Download und Infos:

Mehr zum Autor und seinen Büchern wie auch den Link für den Gratis-Download dieser Checkslisten im A4-Format finden Sie hier:

www.immobilien-fuer-jeden.de